北京市乡村振兴研究报告

(2019—2020年)

◎ 陈俊红　赵　姜　龚　晶　主编

中国农业科学技术出版社

图书在版编目(CIP)数据

北京市乡村振兴研究报告：2019—2020年 / 陈俊红，赵姜，龚晶主编. --北京：中国农业科学技术出版社，2022.9
ISBN 978-7-5116-5904-0

Ⅰ.①北… Ⅱ.①陈…②赵…③龚… Ⅲ.①农村-社会主义建设-研究-北京-2019-2020 Ⅳ.①F327.1

中国版本图书馆CIP数据核字(2022)第167124号

责任编辑 倪小勋
责任校对 马广洋
责任印制 姜义伟 王思文

出 版 者 中国农业科学技术出版社
北京市中关村南大街12号 邮编：100081
电　　话 (010)82109707(编辑室) (010)82109702(发行部)
(010)82109709(读者服务部)
网　　址 http://www.castp.cn
经 销 者 各地新华书店
印 刷 者 北京建宏印刷有限公司
开　　本 170 mm×240 mm 1/16
印　　张 12.5
字　　数 230千字
版　　次 2022年9月第1版 2022年9月第1次印刷
定　　价 56.00元

《北京市乡村振兴研究报告（2019—2020年）》

编委会

顾　　问　李成贵

主　　编　陈俊红　赵　姜　龚　晶

编写人员　（按姓氏笔画排序）

陈　慈　陈玛琳　陈香玉

杜洪燕　张慧智

前　言

2021年是“十四五”开局之年，也是全面推进乡村振兴的关键之年。随着《北京市“十四五”时期乡村振兴战略实施规划》正式印发，北京市坚持以首都发展为统领，以大城市促进大京郊，以大京郊服务大城市，全面推进乡村振兴，走出一条具有首都特点的乡村振兴之路。

在此背景下，北京市农林科学院数据科学与农业经济研究所依托农业农村部都市农业（北方）重点实验室、北京市农林科学院乡村振兴研究中心平台，以服务北京“三农”为己任，充分利用自身的信息资源、科技人才、服务网络等优势，积极面向政府部门、科研单位、企业、合作组织、农民等涉农机构和个人，提供农业科技政策研究、农业需求专题调研、农业科技前沿追踪、农业宏观发展形势分析等多种类型的情报服务。截至2022年6月，共编辑、发放情报服务产品《农业科技参考》200余期，开展需求调研、政策调研、案例调研等形式的专题调研上千次，完成各类研究分析报告数百篇，为北京实施乡村振兴战略提供了重要的智力支撑。

本书延续历年《北京都市型现代农业发展系列》的架构，精选2019—2020年度北京市农林科学院数据科学与农业经济研究所农业经济与农村发展研究室成员完成的19篇专题调研报告，汇编成集，分析和总结北京实施乡村振兴战略的探索实践，希望在对已有研究和服务成果做简要总结梳理的同时，也能为社会各界认识和研究北京都市型现代农业提供参考。全书结合理论学习和实地调研，分为产业兴旺篇、宜居乡村篇、乡村治理篇和经验借鉴篇四部分。其中，产业兴旺篇主要对产业融合、农业生产托管、种业等问题开展调查研究；宜居乡村篇主要围绕农民山区搬迁、农业环境保护、农业美学等问题进行归纳分析；乡村治理篇主要对乡村公共服务、基层治理等问题进行深入剖析；经验借鉴篇主要对国内外乡村发展问题进行了典型案例分析和实证研究。本书立足新时代北京“三农”实践背景，为加快破解“三农”问题，加速推进乡村振兴提供了经验借鉴，对其他地区实施乡村振兴战略也具有一定的参考价值。

农业农村部、北京市科学技术委员会、北京市农业农村局、北京市科学技术协会等部门对本单位科研和服务工作给予了大力支持。本书中的部分研究报告得到了他们的经费支持，部分专题调研得益于他们的沟通联络和组织协调，部分分析报告则直接使用了他们所提供的文件、数据、总结等宝贵资料。在此，对他们的关心与支持表示衷心感谢！

需要特别说明的是，本书内容只反映参与研究的科研人员个人观点。由于学识和研究水平有限，如果书中存在一些不成熟和不完善之处，欢迎提出宝贵意见和建议。

编　者

2022年6月

目　　录

第一篇　产业兴旺

第二篇　宜居乡村

第三篇　乡村治理

第四篇　经验借鉴

第一篇
产业兴旺

报告 1

农村产业融合中利益联结机制的差别化构建

利益联结机制是农村一二三产融合的核心问题。当前，我国农村一二三产融合在多方发力的作用下，融合进程逐渐加快，融合质量不断提升，各类新型农业经营主体发挥引领、示范作用，带动小农户参与农村一二三产融合，与小农户建立了类型多样的利益联结机制。与农业产业化相比，农村一二三产融合涉及的领域更为广泛，不仅有基于产品的融合，还有基于农业农村资源要素的融合，基于农业农村服务的融合等。涉及的利益相关主体更加多元，利益关系也更加多样。面对农村一二三产融合更加多元的融合类型、更加复杂的利益相关主体，处理好新型农业经营主体与小农户的关系，引导建立稳定高效的利益联结机制，是当前农村一二三产融合需要着力关注的问题。

一、农村产业融合中利益联结机制的基本分析框架

利益联结机制是各参与主体之间在利益方面相互联系、相互作用的制约关系及其调节功能。市场经济下，各参与主体都是“理性经济人”，他们为了共享利益而相互协作结成利益共同体，由于各参与主体的利益方向并非完全一致，因此，稳定而紧密的利益联结机制就是通过制度设计激励和约束利益相关主体的行为选择，在满足整个利益共同体利益最大化的同时，实现各利益相关主体的个体利益最大化。

不同的融合领域，利益联结的核心点不同。与农业产业化相比，农村一二三产融合的特点在于实现了新的要素价值的凸显、产业链价值链提升以及分工细化下服务方式的创新。因此，可将农村一二三产融合的领域划分为基于要素的融合、基于产品的融合、基于服务的融合三种：①基于要素的融合。主要指

农村资源资产运营领域。即农户将手中的土地、房屋、林权、集体建设用地以及设施大棚等资源资产通过转让、租赁、入股、合作经营等方式参与到三产融合中，实现有限资产和资源在农村领域的融合发展，新型农业经营主体与农户建立了以产权为纽带的利益联结，农民获得的收益主要来自租金、入股收益、分红以及务工收入等。②基于产品的融合。主要指农业产业化经营领域。表现为依托农产品加工业，促进二产前延后展，向前链接一产，向后延伸三产，使产业链、价值链呈前延后展融合态势。以产品为主的融合，利益核心点是产业链地位，分配关系由双方拥有要素的稀缺性、资产投入等市场化因素决定。③基于服务的融合。主要指农业农村服务业领域。最突出的表现为农业与服务业的融合，通过发展农业生产性服务业，引导农户实现农业“服务外包”，为解决“谁来种地”“如何种地”等问题提供出路。围绕服务领域的融合，利益核心点是服务方式以及合作的交易成本。

不同的利益联结组织模式，利益参与主体不一，各利益主体在利益和权力博弈中的话语权和主导权不同，利益分配、利益调节也不尽相同。基于要素的融合中，利益参与主体涉及政府、企业、村集体、农户等，由于目前我国农村产权市场不是一个完全市场，相关的资源要素流动受到一定限制，在这种制度安排下，政府需要在利益分配、利益保障等方面发挥保障作用。基于产品的融合中，利益参与主体主要是龙头企业、合作社、农户。由于信息不对称、小农户与龙头企业在谈判地位上的不对等以及农产品市场体系尚不健全，农户一方多处于弱势地位，需要着重维护小农户的合法利益。基于服务的融合中，利益参与主体主要涉及农民合作社等各种社会化服务组织和小农户，提供的农业农村公共服务产品具有较强的公益性和外部溢出效应。

二、不同融合领域利益联结机制的差别化构建路径

（一）要素融合领域

根据各参与主体在融合中的功能与定位，要素融合中新型农业经营主体与小农户利益联结的组织模式主要有政府主导、村企合作、村集体自主经营三种。一是政府主导的利益联结模式。特点是发挥政府在利益联结中的利益保障、利益调节的作用，表现为政府负责对村进行统筹规划，以项目等方式引入企业共同参与，经营上遵循市场规律，实现资源资产要素在农村的综合开发利

用，推动农村三产融合发展。如北京市房山区佛子庄乡利用农村人口转出后的空置房资源，将原来户户分离的农宅变为统一经营，按照“修旧如旧、翻建如旧”的风格，建设具有古朴风格的“第三空间”民俗度假区。佛子庄乡政府成立乡资产经营公司，与社会资本合作，按照乡资产经营公司与社会资本4∶6的出资份额共同组建第三空间旅游发展有限公司。村落建设用地和闲置农宅资源统一流转到村集体，按照村落建设用地每亩[①] 6万元的征占保护价、闲置农宅1 000元/间的价格进行资产量化，由村集体用量化资本金与第三空间公司进行合作建设。在利益分配上，每年按量化资本金8%的收益率作为集体财产经营性收入，再按村集体和农户2∶8的分账比例，20%作为集体经营性收入积累使用，其余80%分配给村集体经济组织成员。目前该项目已在试点村流转农宅30余套，有效促进了农民增收。二是村企合作的村集体+企业+农户的利益联结模式。一般由村集体与引进企业共同合作开发农村三产融合项目，实现互惠互利的共赢发展。三是村集体自主经营的村办企业+农户的利益联结模式。一般为有条件的村集体牵头组建或直接兴办等方式，成立经营性村办企业发展产业融合项目，形成村企互动、产业带动的格局。

总体来看，政府主导型利益联结机制的优势在于，通过政府的参与引导，可以着眼于制定长远发展规划和综合利用方案，有利于资源的统筹安排和整理利用，同时政府主导的利益联结能保障建立相对合理的利益分配机制，保障农民权益。村企合作型利益联结机制的优势在于通过企业的市场化运作，使村集体资金规模有限、专业人员缺乏、管理经营不足的现象得到有效解决。村集体自主经营型利益联结机制的优势在于保障村集体在产业融合中的主体地位，农户可以获得更多的产业融合增值收益。

（二）产品融合领域

依据龙头企业、合作社、农户三者之间的博弈关系，产品融合领域利益联结的主要模式可分为龙头企业占优、社企平等、合作社占优三种类型。一是龙头企业占优的企农利益联结模式。龙头企业拥有对合作社所交售的农产品标准、产品定价的话语权，合作社扮演着企业农产品提供者和生产基地管理者的角色。由于市场风险多集中在龙头企业一方，产业链的增值利益主要由龙头企业获得，而农户在享受低风险的同时，获得的产业链的后端增值收益也较少。

---

① 1亩≈667平方米，1公顷=15亩，全书同。

二是社企平等的企农利益联结模式。龙头企业与合作社在产业链条中有着相对平等的市场地位，两者可以通过平等对话就合作社所交售农产品标准、价格等内容进行协商，农户成员相对容易获得合作社的经营利润，较有可能获得不错的利润返还。从新型农业经营主体的发育阶段看，主要针对发展水平较好的合作社，发展不太需要依附于某个龙头企业。从农产品的行业特征看，在畜产品、蔬菜、水果等产业比较普遍，畜产品、蔬菜、水果的市场化程度较高，合作社可以在产业链中绕开龙头企业自我开辟销售渠道，因此增强了合作社与龙头企业在市场谈判中的话语权。三是合作社占优的企农利益联结模式。一般针对发展水平较好的合作社，合作社及其所代表的农民成员拥有对产业链条的优势利益控制，产业链的增值收益归合作社全体成员所有。总体上看，在基于产品的融合中，农户处于农产品生产环节，龙头企业等新型经营主体处于农产品加工、销售环节，分别发挥着农户在劳动、土地密集型领域和新型经营主体在资本和技术密集型领域的组织优势，形成产业链整体效益的最大化。从交易成本的角度而言，龙头企业与农户建立利益联结关系，就是为了寻找一种降低交易费用的制度安排。但是由于龙头企业与农户之间的经营规模差异，信息不对称等因素造成合同契约对双方的约束力不对称，农户在交易中常处于弱势地位。按照激励约束相容的原则，需要政府更多地介入对利益主体的激励机制和利益主体违约的制衡机制，促进龙头企业与农户建立稳定而紧密的利益联结机制。

（三）服务融合领域

以农业生产性服务业为例，主要为农业合作社、龙头企业、专业服务公司等社会化服务组织与小农户对接，采取社会化服务组织+农户、社会化服务组织+合作社+农户等方式，为小农户提供农业生产服务。较为常见的利益联结模式主要有“保底产量型”和“保底产量型+分红”两种。如北京福兴顺农机服务专业合作社将农户的零散土地集中起来开展土地托管，通过契约的形式保障农户的权利和收益。在利益分配上，不论地力等级，每户均保证获得每亩玉米产量 1 000 斤①，小麦产量 750 斤的保底收益，超出保底收益部分仍全部归农民所有。合作社统一为农户提前垫付化肥、农药、机耕费等费用，待秋收后从销售中扣除每亩 360 元的全程托管费用以及垫付的成本费用，剩余的全部归

① 1斤=0.5千克，全书同。

农民所有。2016年，农户将土地进行全程托管后，平均每户增收560元/亩。总体上看，在农业农村领域，将部分农业生产性服务和农村生活性服务交由合作社、社会化服务组织来供给，在生产和经营上是更有效率的。

三、不同融合领域利益联结机制存在的问题

从产业融合的不同领域看，当前农村一二三产融合中利益联结机制存在的主要问题表现为以下方面。

（一）要素融合领域要素市场定价体系不完善，资产增值收益分配需合理引导

农村土地、房屋等资源资产的开发利用，需要明晰的产权主体以及相应的权益，但目前我国农村集体产权制度改革尚未到位，农村集体经济组织成员权界定不清的问题一直没有得到很好的解决，在利益分配过程中容易导致利益分配主体不清晰，引发矛盾纠纷。不少企业在投资民宿时出现企业与农户、村委会之间关于土地以及房屋产权的各种问题，极大增加了企业资本进入农村开发产业融合项目的成本。此外，农村资源要素市场定价体系不完善，尤其是一些古民居、古村落的历史价值没有得到足够的重视和保护，造成村集体和村民利益受损。

（二）产品融合领域契约的约束力不强，对失信违约方的利益制衡有待强化

在基于产品的融合中，龙头企业与农户的利益联结关系多为契约型的半紧密联结关系，契约的稳定性不强。表现为当产品市场价格较高时，不少农户以各种理由不按合同规定销售农产品。而当产品市场价格低于合同价格时，又出现龙头企业以产品质量不过关等各种理由拒绝收购，利益主体违约现象较多。究其原因，在于政府在引导龙头企业与小农户建立利益联结机制时，往往忽视了对利益双方具有约束的惩罚机制的建设，对违约方缺乏有效的制衡机制，对失信违约的惩罚措施或惩罚力度尚不能起到制约信号的作用。

（三）服务融合领域农业农村公共服务兼具营利性和公益性，具有溢出效应

围绕农业农村服务的融合有两个显著的特点：一是服务对象多为小农户，服务小农户的多样性、个性化需求，造成交易成本高，花费精力大；二是服务产品多具有一定的公益性和外部性。如社会化服务组织在生产托管中提供的农技、农资、信息服务等产生了较强的外部溢出效应。因此，应注重对参与农业农村公共服务的服务供给主体给予激励效应，鼓励其带动更多的农户建立稳定紧密的合作关系，为农业农村提供更多的服务。

四、完善农村产业融合中稳定紧密利益联结机制的建议

围绕农村一二三产融合的不同领域，建议从产权制度改革、利益约束和利益激励等方面构建稳定而紧密的利益联结机制。

（一）深化农村产权制度改革，健全要素市场定价体系和产权市场交易体系

产权明晰是建立合理利益联结机制的前提。通过产权界定厘清利益分配主体关系，实现集体资产合法收益的有效分配。明晰村集体和村民的各项权能，厘清一户多宅和一宅多户现象中存在的产权纠纷问题。建立科学合理的资源要素评价标准，完善农宅及其周围生态环境、历史文化等配套资源的市场定价体系，为资产折价量化和赋予农民股份权能提供参考标准，保障农民利益。

（二）提高农民组织化程度，强化小农户的利益保障和违约方的失信惩罚

大力发展农民专业合作社联合社，发挥联合社在降低交易成本、提高议价能力、扩大合作社业务范围等方面的作用。鼓励将扶贫信贷资金、政策奖励资金、产业发展资金等资金股权量化到农户，提高农户在产业融合中的股份占比，增强小农户话语权。加强农村信用体系建设，将企业与农户的行为与信用挂钩，作为各项政策优惠奖励的参考依据。

（三）创新农业农村公共服务合作方式，强化对服务供给方利益的合理补偿

发挥政府资金的引导和撬动作用，采取投资补助、财政贴息、以奖代补、先建后补等方式，支持企业参与农业农村服务业发展。大力推进政府购买服务，探索新型农业经营主体合理收益的政府和社会资本合作模式，建立运营补偿机制，保障企业获得合理投资回报。对参与农业农村公共服务领域产业融合项目的企业，在用电用地等方面给予优先保障。

参考文献

陈晓华，2015. 推进龙头企业转型升级，促进农村一二三产业融合发展［J］. 农村经营管理（12）：6-9.

国家发展改革委宏观院和农经司课题组，2016. 推动我国农村一二三产业融合发展问题研究［J］. 经济研究参考（4）：3-28.

姜长云，2015. 推进农村一二三产融合发展新题应有新解法［J］. 中国发展观察（2）：18-22.

涂圣伟，2019. 工商资本参与乡村振兴的利益联结机制建设研究［J］. 经济纵横（3）：23-30.

王乐君，寇广增，王斯烈，2019. 构建新型农业经营主体与小农户利益联结机制［J］. 中国农业大学学报（社会科学版）（2）：89-97.

报告 2

乡村振兴背景下生态涵养区农村产业兴旺发展路径探析

乡村振兴是一个全面而又综合的概念，目标是实现产业兴旺、生态宜居、乡风文明、治理有效、生活富裕的现代化新型乡村。产业兴旺在实施乡村振兴过程中发挥着重要的作用，是乡村振兴的重点和核心，只有产业兴旺，发展才有动力，农民增收才有可能实现。乡村产业兴旺有利于促进农村产业的发展，让更多人才、技术、资本和其他要素流向农村，有利于农业和农村经济的蓬勃发展，有利于发挥农民的积极性和内生力量，加快实现农业农村全面发展。

生态涵养区在经济发展、收入水平、基础设施建设等方面与其他地区存在很大差距，这种差距的产生主要是因为产业发展和自身功能定位受限。仅仅依靠政府的资金补给和生态补偿制度不可能实现产业兴旺，没有实现产业兴旺就不能实现乡村振兴。“绿水青山就是金山银山”，如何在坚守生态红线的同时，实现自身的发展，是生态涵养区所面临的重大问题。

延庆区作为北京西北部重要的生态屏障，近年来，在京津冀协同发展的背景下，坚持把握生态涵养区功能定位，充分利用世园会①和冬奥会②机遇，依靠首都优势，不断将生态优势转变为发展优势，走出了一条具有延庆特色的产业融合发展之路，为促进农业绿色发展提供力量。

一、北京市延庆区农村产业发展概况

相对于北京市其他区域，延庆区生态环境较好，大气、水体、土壤质量受

---

① 世界园艺博览会，简称世园会。

② 冬季奥林匹克运动会，简称冬奥会。

破坏程度较低，空气质量水平一直位居京郊各区之首，是首都市民的理想后花园。党的十八大以来，延庆区在首都生态涵养区功能定位的基础之上，积极响应生态文明发展战略，追求稳中求进，抢抓发展机遇，实现了农村经济社会持续向好发展，绿色乡村产业发展初见成效。

一是农业绿色发展水平明显提升。近年来，延庆区加快转型升级，呈现出林业产值增加，种植业、畜牧业、渔业产值下降的“一增三降”趋势。现代园艺产业集聚区“一区多园”总体布局基本形成，成功引入园艺花卉类企业34家、科研机构10户，高效节水灌溉工程已完成1.2万亩，农田灌溉水有效利用率达0.72以上。

二是不断加强优质、安全农产品品牌培育。目前，农产品质量安全快速检测实现全面覆盖，延庆区34家企业和基地的140个品种均获得了有机认证，有机农业占农业总产值的21%，在优质农产品品牌培育和优质农产品培育方面成就突出，延庆区也成为国家有机产品认证示范区。

三是农村新型产业蓬勃发展。2018年，观光休闲农业总收入为3.940 8亿元，游客总计545.5万人，高端民宿增收明显。延庆区经营的16个高端民宿实现经营总收入3 082.2万元，接待人次130 149人，人均消费237.1元，高出观光休闲农业平均水平164.9元。

四是乡村文化特色更加突出。以“独山夜月”中秋赏月为代表的传统文化、“石光长城”文化节为代表的长城文化、“花海山歌”花季骑行为代表的生态文化、“长征体验”为代表的红色文化，正逐渐成为新的品牌。

二、延庆区农村产业兴旺发展路径

延庆区在农村产业兴旺发展路径探索中，通过盘活农村闲置资源、挖掘农村乡土文化、打造沟域经济发展模式、带动优势特色产业取得了显著成效。

（一）开发闲置农宅，构建产业支撑体系

近年来，北京市一直在规范引导农民闲置房屋盘活利用，截至2018年年底，已有60个村盘活闲置农宅1 062套，有效解决闲置农宅资源浪费问题。经济发展和城镇化的推进以及农民自身观念的转变，“空心村”“空心户”不断增加，大量农村宅基地和房屋处于闲置或半闲置状态。利用闲置农宅不仅有利于提高农民收入，还有利于优化农业产业结构，满足发展乡镇集体经济的需

要。闲置农宅不仅造成资源的浪费，而且私搭乱建的农宅还影响村容村貌，阻碍了乡村的治理和成长，因此解决闲置农宅浪费问题有着重要意义。

延庆区民宿产业蓬勃发展，以后黑庙村为例，通过采用整体出租的方式将闲置农宅进行升级改造，使原本破旧的农宅变成环境优美的精品民宿，在抖音、小红书、美团等平台进行宣传，显著提高品牌影响力和知名度。除对外宣传外，延庆区对内大力改善村容村貌建设，改变农村脏乱差的环境。为改变村民观念，村里还组织村民外出参观知名村庄，如下虎叫村、石峡村等，还对村民进行专业培训，以提高村民服务水平。目前，该地村民已实现全部“脱低”，自盘活闲置农宅以来，解决了15位村民就业问题，通过兜底帮扶政策，帮助了8户低收入农户。延庆区下虎叫村通过建设“山楂小院”，对闲置农宅进行开发利用，引进社会资本来盘活闲置农宅，用“产业帮扶+出资搬迁”的方式，先后建成12处民宿小院，为原本贫穷的山村带来了新的生机，有效地解决了村民的就业，还带动了山楂汁、玉米等农副产品的销量。如今，32户低收入户全部“摘帽”，村民收入显著提高，一些存在地质灾害威胁的低收入户也通过政府相应的扶持政策过上了新生活。

（二）挖掘乡土文化，优化产业发展模式

乡村振兴要走与农村相适应的道路，彰显农村特色，重视乡土文化，注重地方文化。乡土文化是乡愁的重要载体，是乡村振兴的重要环节，它是一种内在动力，是城乡融合发展的文化资本，农村要留得住乡愁，必须振兴乡土文化。只有重视乡土文化、充分挖掘和利用乡土文化，不断促进乡土文化发展，才能为乡村振兴提供无穷源泉、为乡村振兴提供持续的精神动力。

延庆区积极响应乡土文化建设，以延庆区大庄科乡慈母川村为例，针对少数民族村落产业同构现象严重、特色文化缺乏的现状，通过科技推广，深入挖掘和发展慈母川村的民族特色文化，将满族文化与当地传统慈孝文化相结合，创新了具有满族特色的慈孝文化，不仅丰富了文化内涵，还提高了旅游开发项目水平，突出京郊山区乡村旅游的差异化体验，将慈母川村独特的文化资源转化为经济优势，进一步提升慈母川村的产业结构，拓宽农民就业渠道，促进农民增收致富。慈母川村主要通过挖掘满族文化、慈孝文化、特色民俗餐饮开发、改建满族特色民居等途径来实现乡土文化建设。通过梳理满族发展史和代表人物来宣传满族文化，借助“钟离辞母”的故事修建砖雕和彩绘，成立演出团队，丰富村民的业余生活；开发特色满族食品和“慈孝餐”特色民俗餐

饮，打造特色风格；将满族民居作为慈母川村特色旅游的主打文化名片，传承满族特色文化。在乡土文化建设中，慈母川村邻里关系和谐，乡贤先锋模范起带头作用，村内慈孝文化底蕴深厚，用榜样的力量推动乡风文明的发展。

（三）依托沟域经济，创新产业融合路径

近年来，为了促进山区经济的发展，北京市推出了“沟域经济发展模式”，为山区发展提供有效途径。为了保护大气和水源不受污染，北京郊区发展受到了极大的限制，沟域经济模式的实施在多个区县试点并取得了成效。工业资源、自然景观、人文是沟域经济发展的基础，通过规划建设，实现一二三产业融合发展。沟域经济对农业产业结构调整有着极其重要的作用，是北京山区的一张绿色名片。

以四海镇为例，延庆区重点建造的一条沟域是“四季花海”，通过以花卉为主，将山水结合起来的方式优化资源配置，共同建设特色产业沟域；通过“抓线、布点、连片”方式打造大地景观，加强旅游基础设施建设；通过贯彻“生态保经济、经济促发展”的理念，期望实现沟域经济与生态环境的统一，追求人与自然的融合；通过加强基础设施建设，提高整体发展水平，为农民创造更好的环境和条件。自从四季花海建设沟域经济以来，农民收入显著提高，人均社会总产值稳步提高。四季花海发展沟域经济践行首都生态涵养区的总体要求，明显改善沟域整体环境和形象，其沟域林木覆盖率达到了80%，山区水土流失得到了有效治理，农民生活环境和条件也得到了很大的提高。此外，沟域景观吸引了更多的旅客，带动了当地旅游产业的发展，有效增加村民的经济收入。

（四）发展优势特色产业，打造农业产业集群

延庆区结合实际情况，因地制宜，牢抓特色优势农业，坚持走农村产业可持续发展道路，紧紧围绕产业发展带动经济，加速促农脱贫致富，结合自身优势大力发展果品产业、民宿产业以及紧抓世园会的大好机遇发展园艺产业，使农民不用远离家乡，也能实现就业，获得经济收入。

通常建设农业产业集群的地区，都具有自己的特色优势产业，以前山村为例，通过“基地+基金”模式，大力发展高山胎菊产业，带动前山村村民增收，四海茶菊产业形成了一二三产业一体化发展，成为推动四海地区增收的有效途径。通过建设低收入产业帮扶基地，有效地解决了当地农民就近就业问

题，农民收入得到有效增加。同时，建立红利式动态“脱低”基金，镇政府投入资金，支持专业合作社扩大种植规模，改善菊花品种，购买更先进的设备，通过返利政策帮助农民“脱低”，对老弱病残人群进行慈善帮扶。另外，延庆区里炮村紧抓世园会的机遇，在原有的产业基础之上，通过改造和引进新品种，将园艺理念和产业发展进行更深入的融合，培养了许多新的品种，通过建立智能温室，实现智能化和自动化。同时成功建立了低收入农户产业帮扶基地，将农民增收问题落到了实处，园艺产业的发展，为低收入家庭“脱低”提供了坚实的保障。里炮村果树盆艺专业合作社通过成立帮扶基地，为全镇 118 户低收入农户提供了就业岗位。

三、延庆区产业兴旺发展的经验与启示

（一）盘活资源是产业兴旺的关键

农村产业融合发展离不开土地基础，山区土地流转困难，积极推进用地使用也存在诸多的限制，民宿、特色小镇成为近年来农村发展新业态，所以农村集体建设用地需要积极盘活。2017 年中央一号文件明确指出“探索建立农业农村发展用地保障机制”，进一步完善农业用地政策。当前，农村基础设施和公共服务水平动力不足，基础设施和公共服务不完善，使用率不高，如有的建设好的公厕长期处于关闭状态，并没有解决老百姓的实际需求。更值得一提的是，在城镇化快速发展过程中，农村用地指标明显低于城镇指标，农村集体建设用地明显不足，所以存在项目实施较困难的情况。在不破坏环境的前提之下，如何根据实际保护用地，发展现代农业，这需要创新和完善制度。

北京生态涵养区要通过宽松的优惠政策来吸引人才，建立生态涵养区专项人才开发费用、生态涵养区津贴等。进行生态建设和发展经济需要专业的高水平知识型人才，可通过与高校合作的方式，打造专业领域人才队伍，通过网络咨询、实地调研等方式解决实施过程中的问题，充分发挥人才的潜力，为其提供实现价值的平台。实现农村产业兴旺的关键在人才配置，随着农村大量年轻劳动力进城务工，农村面临着紧缺人才的困境，人才流失制约着农村经济的发展速度，如何吸引人才是产业兴旺的关键。对于延庆区而言，大学生毕业回乡的少之又少，农村基本劳动力都在 50 岁以上，这严重地影响了产业发展的速度。此外，由于老龄化问题，养老负担对我国农村经济发展也有重要的影响。

（二）凸显文化是产业兴旺的支撑

北京是世界著名古都，有着优秀的历史文化底蕴，可为文化发展提供有效支撑，传承历史文化是首都不可推卸的责任。乡土文化深深地融入农民的生活之中，也在时间的长河中浓缩成为日常生活的缩影，在维系人与人之间的感情中起到了重要的作用。文化传承大部分情况下是一种社会效益，但传承更多的是一种情怀，传承需要物质和精神两方面的内容。乡村振兴的灵魂就是文化振兴，先进的文化可以有效地促进经济全面发展，生态涵养区的形成有利于建设生态文明的先进文化。文化产业融合是实现乡村文化振兴的重要途径，文化事业和文化产业作为文化发展的两大支柱，最适合生态涵养区发展的产业就是文化产业。政府可以通过行政手段和市场的运作，运用公共财政和社会资本资源，形成支撑生态涵养区文化建设的支撑点，推动北京生态涵养区文化产业的发展，为农村注入新的活力。文化创意使农产品更有审美价值，而文化内涵更有益于农民提升文化水平，这也是北京生态涵养区文化振兴的优质选择。

（三）农民增收是产业兴旺的核心

产业兴旺是否实现关键在于农民有没有实现增收，如果只有农业增产而没有农民增收，那就并没有实现产业兴旺。所以，发展富农产业十分必要，通过这种形式可以有效地鼓励农民创业和转移就业，从而达到增收的目的。农民增收是产业兴旺的核心，目前大部分农民增收的渠道还是依靠劳动力和土地资源，传统的就业渠道难以实现农民增收致富，应当继续引导农民创业，鼓励农民自己当老板。在自主创业政策和技术方面，可以通过扶持政策提升农业专业化水平，推动传统农业向现代农业发展。为农民创业者提供适当的融资政策，建立农民创业融资制度，为农民创业提供保障支持。盘活乡村闲置资源，大力发展高端民宿产业，通过重大项目的带动引进社会投资，打造“公司+村集体”模式，带动村民增收致富和乡村产业发展。开发乡村文化资源，将文化与地方产业结合起来，充分发挥文化在产业中的支撑作用，吸引企业进入和参与旅游业发展，同时结合休闲旅游和地方特色。振兴农村产业发展，离不开经济多元化，高新技术产业应该优先发展，借助冬奥会、世园会的基础，推动产业融合发展，延长产业链。充分利用农村独特的自然和文化资源，加快农业从增量向优质发展转变，发展农村新产业、新业态。

四、讨　论

乡村振兴是乡村经济实现跨越式发展的重要机遇。延庆区立足生态涵养区功能定位，以绿色发展补齐农业农村短板，将生态效益转化为经济效益，走出了一条生态优先的产业振兴之路。尽管如此，由于各地社会经济水平差异较大，无论选择哪种发展路径都有其自身优势、不足和适宜条件。总之，生态涵养区在发展产业的时候，要发挥生态环境优势，突出特色，积极盘活土地、劳动力、资产、自然风光等要素，把绿水青山蕴含的生态产品价值转化为金山银山。

参考文献

本刊评论员，2018. 全力服务乡村振兴战略［J］. 农业发展与金融（4）：35-38.
陈俊红，易芷娟，曹均，等，2013. 基于典型调研的北京市沟域经济建设模式研究［J］. 中国农业科技导报（4）：12-18.
课题组，2017. 多措并举盘活利用空闲农房［J］. 决策（7）：42-45.
李明奇，2018. 乡村振兴战略与新型城镇化的关系［J］. 党政干部学刊（9）：70-74.
王希茜，2017. 打造双奥之城文化金名片［J］. 青年时代（14）：80-82.
杨大蓉，2019. 乡村振兴战略视野下苏州地区公共品牌重构策略研究［J］. 中国农业资源与区划（3）：198-204.
曾海鹏，2017. 实现乡村振兴战略留住美丽“乡愁”［J］. 农家参谋（34）：77-79.
曾诗淇，2017. 延庆高山胎菊茬开采［J］. 农产品市场周刊（34）：4-5.
张晏，2018. 农村产业融合发展用地咋保障［J］. 农村 · 农业 · 农民（1A）：13-14.

报告 3

产业兴旺的内涵与推动乡村产业发展

党的十九大首次提出实施乡村振兴战略，并将其总要求明确为“产业兴旺、生态宜居、乡风文明、治理有效、生活富裕”。作为排在首位的“产业兴旺”，是实施乡村振兴战略的首要任务和工作重点，更是乡村振兴的基础和保障。《关于促进乡村产业振兴的指导意见》中提到，产业兴旺是乡村振兴的重要基础，是解决农村一切问题的前提。乡村之所以衰败，出现这些现象的根本原因是乡村没有产业，缺乏产业支撑，不少乡村产业凋零，引发了人的外流，要解决好“空心村”问题，根本还要发展好乡村产业。只有做大做强做优乡村产业，才能保持乡村经济发展的旺盛活力，为乡村振兴提供不竭动力。

一、产业兴旺的内涵

兴旺，指事物具有生机和活力，欣欣向荣，生机勃勃。在古代语境中，提到兴旺，人们更多联想到的是诸如“五谷丰登”“六畜兴旺”的愿景。乡村的产业兴旺是指乡村生产充满活力，这种活力来自乡村各类生产的相互促进和协调发展。单一生产一般不用兴旺来形容，因为兴旺所蕴含的生机和活力是通过多种产业的此消彼长或竞相发展体现和表达。因此，产业兴旺的前提是生产的多样性，具有多维特征，表现为产业内容的多样。乡村产业兴旺反映的是乡村多种产业相互渗透、融合，竞相发展的一种活力状态。乡村产业兴旺，不仅要农业强，更要百业旺。乡村作为一个有机体有其满足村民生活的各类要素，产业兴旺就是要发现这些要素的生产生活价值，并通过现代技术手段放大这些价值，实现乡村财富的增长。

乡村产业发展的目标方向是形态多样、结构功能互补的现代产业体系，这里的乡村产业主体是农业，但更是以农业为基础衍生拓展为内涵与内容更丰富的多元化产业。发展路径是围绕产业融合，通过产业链延伸型融合、产业多功能开发融合、新技术的渗透型融合等，延长产业链、提升价值链，推动农业创新发展和拓宽农民增收渠道。乡村产业发展的最终目的是实现联农带农、为农富农。即把更多产业留在农村，尤其是更多的二三产业，把更多的岗位留给农民。通过建立联农带农机制，把产业链增值收益尽量留给农民。

二、乡村产业的主要类型

乡村产业的特征是根植于农业农村。现代乡村产业体系，是根植于县、乡、村，以农业农村资源为依托，以农民为主体，以一二三产业融合发展为核心，彰显地域特色、体现乡村气息、承载乡村价值、适应现代需要的产业体系。它既包括农产品的种养生产、加工和流通业，也包括农村传统手工业、农村小商业、小集市；既包括服务“三农”的乡村服务业，也包括主要服务城镇居民的乡村新产业、新业态。目前，乡村产业的主要类型有六大类。

（一）现代种养业

农业是农村地区的基础产业，也是最为重要的产业。乡村产业振兴，首要的是农业的转型升级。2019年，我国人均GDP达到10 410美元，处于消费升级加快提升阶段，给特色农业发展带来重要机遇。因此，要创新组织方式，推动种养业向规模化、标准化、品牌化和绿色化方向发展。同时，在保障粮食安全的前提下，结合各地的实际发展特色农业，地方优势特色农产品做大做强，做出品牌，使之成为农民增收就业的重要途径。

（二）乡土特色产业

乡土特色产业是指根植于农业农村特定资源环境，由当地农民主办，彰显地域特色、开发乡村价值、具有独特品质和小众类消费群体的产业，涵盖特色种养、特色加工、特色食品、特色制造和特色手工业等产业。例如竹编、蜡染、剪纸、木雕、石刻、银饰、民族服饰等传统的手工业，又如卤制品、酱制品、豆制品以及腊肉腊肠、火腿等传统的食品加工业。这些传统土特产品，地域特色浓厚，承载着历史的记忆，传承着民族的文化，有独特的产业价值。目前，北京市有80个村镇获得全国“一村一品”示范村镇称号，打造了房山区张坊镇磨盘柿、延庆区康庄镇小丰营村北菜园蔬菜、海淀区上庄镇西马坊村京西稻等。北京市已形成设施蔬菜、特色林果业、中草药、食用菌和以供应北京中高端消费群体的北京黑猪、北京油鸡为主的乡土特色产业发展格局。据初步统计，北京市共有乡土特色产品 117 个，其中，特色种养殖和特色食品 69 个，乡村特色手工产品 13 个，乡村能工巧匠 35 名。目前，较为突出的特色种养殖和特色食品 43 份，包括全国知名的京西稻、平谷大桃、大兴西瓜、北京鸭等；较为突出的乡村特色手工产品有 9 个，如非物质文化遗产老北京火绘葫芦、中国重要农业文化遗产四座楼麻核桃等；较为突出的乡村能工巧匠 14 名，包括非物质文化遗产传承人牛成果、全国巾帼建功标兵王惠芳等。

（三）农产品加工流通业

农产品加工业是连接工业与农业、城市与农村的产业，行业覆盖面广、产业关联度高、辐射带动作用强，是拉动农村经济发展和农民就业增收的重要增长极。但是，从总体上看，行业大而不强、增长方式粗放、发展水平不高的问题十分突出。特别是农产品产地储藏、保鲜、烘干等初加工，设施简陋、方法原始、工艺落后，农产品产后损失严重。目前，北京市共有 149 家市级以上农业产业化龙头企业，其中国家级 39 家，市级以上龙头企业固定资产总值达到 1 264 亿元，同比增长 12.9%。实现销售收入 7 009 亿元，同比增长 9.5%。当前，全市农产品加工业受“疏整促”①、用地、环保等约束，增量的发展农产品加工业的空间越来越窄，也面临科技创新能力不够突出、技术装备水平不够领先、全产业全要素链条不够健全等问题。

（四）乡村休闲旅游业

休闲农业和乡村旅游具有联结城乡要素资源、融合农村一二三产业的天然属性。从全国来看，乡村旅游发展的重点区域包括大中城市周边、名胜景区周边、特色景观旅游名镇名村周边、依山傍水逐草自然生态区、少数民族地区和传统特色农区。截至 2019 年年底，全市休闲农业和乡村旅游共接待游客 3 458 万人次，比 2015 年减少 14.4%；实现收入 37.6 亿元，比 2015 年减少 4.0%；游客人均消费 108.8 元，比 2015 年增加 12.2%。乡村旅游品牌建设效果突出，休闲精品不断涌现，全市形成了 11 条休闲农业精品路线，34 个中国

---

① 疏解整治促提升，简称“疏整促”。

美丽休闲乡村，21 个国家休闲农业与乡村旅游示范点，6 042 个星级民俗接待户，699 家精品民宿品牌，陆续出台了《北京市休闲农业“十百千万”畅游行动实施意见》《北京市关于促进乡村民宿发展的指导意见》等文件，政策力度持续加大，发展动力不断提升。

（五）乡村新型服务业

乡村服务业是提升主导产业效率、推进价值链升级的关键，产品服务化以更丰富的消费体验促进了价值的提升，服务规模化是支撑小规模农户实现农业规模经济效应的重要途径；服务业又是营造产业环境的重要支柱，只有乡村生活服务业的丰富完善才能够吸引、留住人才，并为休闲旅游、特色乡土产业的发展提供有力支撑。农村地区分工分业都是一个不断深化的过程。乡村新型服务业包括农业生产性服务业和农村生活性服务业。在农业生产性服务业方面，农业分工分业，催生了多种多样的农业生产性服务组织。例如，美国农业从业人员占总从业人员的比例约 1%，但其相关农业服务人员占比则达到 17% ~ 20%。我国农业从业人员平均年龄约 50 岁，60 岁以上的比例超过 24%。随着农村社会结构和经济结构的发展变化，农业生产性服务业的市场需求将快速增长。为适应这种要求，要大力发展农业生产性服务业，推进农资供应、技术推广、农机作业、疫病防治、金融保险、产品分级、储存和运销等服务的社会化和专业化，为千家万户农民产前、产中、产后服务提供有力保障。在农村生活性服务业方面，适应农村人口结构变化，生活观念以及方式的变化，农村的养老托幼、批发零售、环境卫生等生活性服务业大有可为。此外，大量的城里人回归农村养老、康养、休闲、旅游，也为农村生活性服务业的发展提供了广阔的空间。

（六）乡村信息产业

以互联网、大数据等信息技术为支撑的乡村信息产业是乡村振兴的“助推器”。全国农村网络零售额由 2014 年的 1 800 亿元增长到 2019 年的 1.7 万亿元，规模扩大了 8.4 倍。2019 年，全国农产品网络销售额接近 4 000 亿元，直播电商迅速兴起。目前农村创业创新人员首次突破 1 000 万人，其中农产品电商成为农民返乡创业的重要业态。

三、推动乡村产业发展的几点建议

（一）乡村产业的发展必须要围绕产业融合的方向

产业融合是乡村产业发展的方向。产业融合是不同产业或同一产业不同行业相互渗透、相互交叉，最终融为一体，形成新型产业业态。产业融合发展可以利用多元产业互补共生关系实现全效价值利用，最大程度挖掘乡村产业价值。推进产业融合发展，需要建立资源共享联合发展的机制和平台，更需要引导关联产业主体的紧密合作，尤其是当前乡村以大量小规模农户为主的产业结构下，带动小农户融入现代融合发展的现代产业体系，必须要走组织机制和利益联结机制的创新。在前期的改革探索中，产业组织体制上产业化联合体发展取得积极成效，利益联结机制上股份合作、土地经营权入股以及分工契约等方式被认为是最有利于农户分享产业链增值收益的利益联结机制。

（二）乡村产业的发展必须依靠提质和创新

不同区域的山水土肥和气候条件造就了丰富的地区特色产品，为农业塑造差异化优势提供广阔空间。乡村产业的发展应瞄准消费升级方向和新兴增长点推动农业产业升级，要以质量兴农、绿色兴农增强乡村产业持续增长力，通过产地环境保护、标准化生产、绿色产品质量认证、特色优品品牌打造，实现乡村产业的高质量、高价值、优生态发展。乡村产业要实现高质量发展路径，更需要有活力的创新创业的有力支撑。加大育种、栽培、机械、设施、加工、保鲜等全产业技术的协同创新，开展新市场、新体验、新价值的创造，完善科技创新转化机制，培育创业人才、优化创业环境，才能为乡村产业持续有活力注入新动能。

（三）乡村产业发展需要科学选择重点和统筹平衡布局

乡村地域范围广阔，乡村产业发展的第一难点是分散化布局导致了生产和服务的规模不经济。有效推动乡村产业的发展，必须按照市场规律科学选择重点聚力打造。加快乡村特色产业集群建设，围绕主导产业吸引生产、加工销售、技术、商务、物流等产业链各相关环节集聚发展，使乡村小规模经营者可以通过联合和协作实现专业化和规模化优势。

（四）乡村产业环境的改善需要全方位优先投入的保障

乡村产业发展的滞后源于城乡基础条件和资源配置的差距。要通过对乡村的全面优先投入扭转城乡之间政策投入、资金流向、人才流向、建设用地分配等方面的势差，补齐关键短板。探索“点供用地”的乡村产业建设用地直接供地办法。推动闲置集体建设用地、闲置宅基地、村庄空闲地、厂矿废弃地、道路改线废弃地、农业生产与村庄建设复合用地及“四荒地”等纳入可整治盘活可用于支持乡村新产业新业态和返乡入乡创新创业的范围。在财政投入机制上，鼓励有条件的地方按市场化方式设立乡村产业发展基金，重点用于乡村产业技术创新。

参考文献

冯贺霞，王小林，2020. 基于六次产业理论的农村产业融合发展机制研究——对新型经营主体的微观数据和案例分析［J］. 农业经济问题（9）：64-76.

马源，梁恒，2021. 国外农村产业融合发展政策解读及启示——以韩国六次产业为例［J］. 江苏农业科学，49（1）：1-6.

朱敏，何潇，2019. “过剩之地”：超大城市的乡村振兴——以上海为例［J］. 党政干部学刊（6）：57-63.

报告4

不同农业生产托管组织方式的实践研究

农业生产托管解决了当前农业生产面临的组织性差、劳动力缺乏的痛点，实现了农户、服务组织、农村集体经济组织、县乡政府多赢的效果，成为我国推动现代农业建设的新方式和新手段。山西省、江苏省和黑龙江省在推进生产托管工作和服务机制改革方面做了有益探索，发挥了很好的示范带动作用。本研究在对上述三省农业社会化服务开展调研基础上，总结了当前农业生产托管发展现状，提炼了四类典型模式，面对新的发展形势，提出了完善生产托管的对策建议，为推进我国农业社会化服务事业提供模式借鉴和决策参考。

一、农业生产托管的发展现状

（一）积极探索农业生产托管组织方式

调研显示，地方经济发达程度、农业收入占农民收入比重、土地流转率、农业机械化水平等均是影响农业生产托管工作进度的重要因素。江苏省城镇化程度比较高，农民离开土地意愿强，土地流转率高，村集体经济比较发达，加之农业收入在农户总收入中占比较低，农户对于托管提高土地产出率期望不高，但规模经营主体存在托管服务需求。为解决“谁来种地”难题，江苏省淮安市将生产托管工作与村集体经济组织建设结合起来，建立了“党建引领、一点五式”综合改革模式，将生产托管作为培育壮大农村集体经济一项内容，培育了与农民关系最为紧密的村集体作为托管服务主体；仪征市创新“村社共建”托管服务主体模式，实现村集体经济组织、供销社、合作社三方共赢。山西省作为我国粮食生产大省，主动将生产托管作为推动现代农业发展的抓手，采取了“县级部署督导、乡镇组织协调、村组调度实施、服务组织规范作业”，围绕主导产业、提出重点环节、扩大覆盖范围，集中连片推进服务。黑龙江省为我国粮食主产区，也是农业生产托管的重要推动地区之一。该省兰西县通过建立项目筛选机制、先服务后补助机制、资金监管机制、质量控制机制等，防范生产托管风险，引导托管服务市场健康可持续发展。山西省和黑龙江省的土地规模大、机械化程度高，农业收入在农户总收入占比高，生产托管后土地增收明显，因此，小农户和服务主体都愿意参与其中，以前采取土地流转方式的农户都纷纷转向采用生产托管。

（二）多元农业生产托管主体蓬勃发展

各地培育了农村集体组织、农民合作社、龙头企业、专业服务公司、科技示范园区等多元服务主体，主体之间通过开展合作与联合，推动以小农户家庭经营为基础，以社会化服务为支撑的现代农业经营体系的构建。山西省涌现山西嘉禾商贸有限公司、金穗种植合作社、和之瑞种植合作社联合社、中化石油山西有限公司、山西省农业科学院玉米研究所等单位参与并建立的“全域立体式”生产托管服务模式。黑龙江省涌现出了超越现代玉米农民种植合作社、宝清美来现代农业服务有限公司、伟河现代农机专业合作社、双太村农村经济股份合作社、瑞丰玉米种植合作社等先进典型。这些组织为农户提供了代购种子、化肥、农药，播种、喷洒除草剂、收割及运输等全过程托管或部分环节托管，还通过产供销一体化，带领小农户对接大市场。除托管服务外，这些组织还成为传播生产托管知识的重要载体，积极参加各类论坛、会议，这些经验也为中国特色生产托管的理论创造提供实践支撑。

（三）不同农作物生产托管需求存在差异

各地要根据当地农业生产和农户需求，按照补齐现代农业建设短板现状和农民群众的欢迎程度，确定本地区重点支持的托管环节和服务内容。本次调研省份生产托管作物是玉米、大豆、小麦和水稻。从托管方式来看，玉米、大豆、小麦这类旱作农作物，托管服务后节本提质增效效果更显著，以半托管和全程托管为主，托管接受程度较高；水稻生产的作业环节复杂，以关键环节托管为主。不同作物所需托管的关键环节存在差异。山西省以种植玉米为主，农户对收割运输、深耕深松、秸秆还田等大型机械作业环节的托管需求较高；江苏省以种植水稻为主，水稻的种植环节复杂，农户对机插秧和收割环节的托管需求较为旺盛；黑龙江省地域广阔，耕地面积大，种植作物包括玉米、水稻和大豆，但生产托管多以玉米为主，购买全程服务农户的提质增效效果更好，水稻种植环节复杂，开展全程托管难度相对较大，目前提供托管服务的组织较少，而且多以收割环节为主；大豆生产托管的比较效益低，为大豆提供托管服务的组织较少。

（四）生产托管促进了农业节本增效和农民增收

开展生产托管服务，通过节约种植成本、增加种植收入等方面，实现农业节本增效。一是节约种植成本。通过开展规模化的统一托管服务，服务组织可以集中采购农业生产资料，采用先进耕作技术、充分发挥农业机械装备作业能力，选用新品种、推广标准化生产，实现农业节本增产增效增收的多重效益。二是种植收入增加。提高了粮食产量、品质，进而提高粮食销售价格。例如，黑龙江伟河农机合作社、山西嘉禾商贸有限公司分别以高于市场同期价格 0.02 元和 0.03 元收购农户粮食；黑龙江超越合作社，2018 年受托农户每亩地少投入生产成本 30 元，粮食产值增加 300 元，农户亩均增收 330 元。三是生产托管增加了农户的工资性、财产性、其他经营性等非农收入。从农业上解放的劳动力转移到二、三产业，获得工资性收入。例如，江苏省乡镇企业发达，农民进入工厂或生产托管企业；黑龙江伟河农机合作社反映，托管之后，农户外出打工，户均增收 1 万~2 万元。按照规定，股份合作、村集体经济组织开展生产托管的利润要对村民分红。

二、农业生产托管的典型模式

生产托管服务主体独立从事生产托管服务基础上，也在探寻节约成本、扩大服务规模的有效路径。他们之间的联合，能有效提升服务供给能力，对培育新型农业经营主体，构建农业新型生产经营体制具有重要意义。调研显示，各类生产托管主体之间的联系，可归结为以下四种模式。

（一）组建生产托管服务合作社

为满足农户对农机、农资、技术等服务需求，生产托管服务主体之间通过组建服务合作社或联合社，开展农业生产托管服务。例如，黑龙江省伟河现代农机专业合作社，将农机资源进行整合，成立农机专业合作社和玉米托管种植合作联合社，实现两社合一，解决农机合作社大型农机设备闲置而小农机手动力不足的问题，也大幅度提高了玉米托管作业标准和质量，提高了玉米的产量和效益。黑龙江省瑞丰玉米种植合作社，吸引了 91 名农机手加入，为社员和其他农户开展托管服务。农机加入合作社，解决了合作社农机不足和类型单一问题，大幅度提高了合作社整体作业能力。

托管服务主体之间联合是将竞争关系转变为合作关系，收益是黏合剂。因此，确立合理的利益分享机制和风险分担机制是实现联合的前提。黑龙江省绥化市兰西县兰河乡瑞丰玉米种植专业合作社，2019 年玉米托管面积 10 万余亩，其中全程托管 31 695 亩。为了促进连片种植、规模化种植，杜绝秸秆焚烧，做好农业托管，合作社吸引农机户农机手自带起垄机、免耕机、收割机、植保机械等农机具加入合作社。为农机手提供作业任务、服务协议、作业单、验收单等。农机手服从统一管理、统一调配，代表合作社与农户签订服务合同和开展作业。因土地分散，不便于机械作业，作业效率低等原因，合作社会根据农机手农业作业亩数给予 3 元/亩的机械作业补贴。因合作社所提供种子、化肥、农药原因造成托管农户财产损失的，由合作社负责补救或赔偿损失。因农机手使用机械不当，田间作业（喷洒各种药物）失误等给托管农户财产造成损失的，由农机手负责补救或赔偿损失。农机加入合作社，合作社整体作业能力有了较大提高，补充了合作社的农机不足和农机单一问题。农机手入社后，作为合作社经纪人，为合作社联系生产托管客户，帮助开展粮食收购、其他作物种植和销售等工作。

（二）组建农业产业化联合体

生产托管服务主体牵头整合科研、农资、农机生产企业及粮食收储、加工、销售企业组建产业化联合体，将产前、产中、产后紧密衔接，推动了农业经营组织化和产业化。实践中，龙头企业负责产业链前端和后端环节，农民合作社或村集体负责农户的组织协调和开展生产服务，通过优势互补实现“多赢”。例如，黑龙江省宝清美来现代农业服务有限公司（简称宝清美来）与村级农机合作社开展联合，农机合作社负责生产托管，宝清美来合作负责技术指导、粮食加工销售、产品品牌打造。这一方式，将农业生产的产前、产中、产后各环节纳入规范的生产和管理渠道，实现农业生产标准化，在提高农业生产效率的同时，也提升了农产品质量。纵向联合充分发挥了“专业人干专业事”优势，搭建了产供销对接通道，利于新技术新装备、资金、金融保险等要素顺利进入农业，大大降低了生产的不确定性和风险。

纵向联合需要关注被服务农户分享产业融合增值收益的机制。例如，宝清美来与村集体经济组织结合，充分利用村里已有的农机手。农户能干的让农户自己干，农户不能靠自己能力完成的环节由公司做，如种植方案、栽培技术、大型机械、粮食收购等。宝清美来将生产托管环节让利农户，并通过延长产业链条，打造产品品牌，提高产品附加值获得利润。

（三）组建生产托管服务综合体

服务主体之间横向开展合作，建立生产托管联合体，纵向与种子、肥料、农药、农机生产企业及粮食收购、储藏、加工企业联合，为生产托管服务主体提供相应的专业化服务。交叉联合是横向联合和纵向联合的升级版，兼顾生产托管的服务规模和效益。最为典型的是山西省晋中市平遥县的“十字托管”模式。由和之瑞联合社横向整合各级服务合作社建立直接面对农户的服务网络，纵向整合与中化公司、种子经销商、农资商、粮食收购企业、植保公司、信息化服务公司等生产资源，共同为农业生产托管提供服务。

山西省平遥县和之瑞种植专业合作社联合社建于2017年年底，由和之瑞联合社及另外2家合作社共同组建。目前，对平遥县6个乡镇67个村38 744亩农田实施了托管服务，提供玉米从种到收全程托管服务，每个村示范100~500亩农田。联合社还成立党员突击队，在乡村服务站体系建设中发挥了党员先锋作用。联合社纵向建立了直接面向农户的服务网络，横向整合与中化公司、种子经销商、农资商、粮食收购企业、植保公司、信息化服务公司等生产资源，共同为农业生产托管提供服务，形成了平遥县的“十字托管”模式。①联合社组建了由乡级服务站和村级服务点构成的服务网络，站点负责人凭借本土优势，拓展农户市场，直接与农户签订土地托管合同，为农户提供生产托管服务。联合社还托管农机具48台（套）实行统一调度，开展联种、联耕、联收。截至2018年年底，联合社已组建乡级服务站6个，村级服务站106个。②在平遥县政府组织下，联合社与中化公司开展合作。中化公司依托建立的“现代农业平台（MAP）”，采用园区化方式经营种子、化肥、农药、保险、收购粮食和测土配肥业务。中化公司为联合社托管的土地，提供一整套的农资农机服务技术方案。联合社借助服务网络，将中化公司的技术服务方案和农资落实到田间。③和之瑞联合社联合11家种子经营大户、6家农资大户及6家粮食收购企业，提供生产资料供应和粮食购销服务。联合了山西田航科技创造有限公司、山西农谷飞农植保科技有限公司，提供植保服务。联合了“爱种网”、兴农丰化数字农场，为生产托管提供数字化管理技术。

（四）搭建信息化综合服务平台

基于现代信息技术搭建综合服务平台，生产托管资源、客源、信息、金融等生产要素在平台上得到共享，线上和线下结合，生产托管实现了组织化、可视化、实时化和全过程记录。通过搭建综合服务平台，打破了生产托管地域空间限制，解决了信息不对称问题。当前，服务平台主要面向农业服务主体，小农户对信息化工具的使用习惯和能力限制，还需要经纪人作为中介进行线下推广。

神州数码信息服务股份有限公司自 2014 年开始从城市跨界到乡村，展开“互联网+农业”的布局，打造智慧农村。2017 年，神州农业全程社会化服务平台（简称神州农服）上线，面向新型农业经营主体，提供农资、农技、农机、金融、电商、信息等贯穿产前、产中、产后的各项服务。河北省玉田县集强农民专业合作社应用神州农业全程社会化服务平台开展生产托管，取得显著成效。成立于 2008 年的集强合作社是一家集粮食、果蔬种植、良种繁育、农机服务、电子商务等多元化经营于一体的农民专业合作组织，位于河北唐山国家农业科技园区。集强合作社整合区域性的各项农业服务资源，购置大中型农业机械 128 台（套），组建了农机作业队、植保专业化服务队两个专业服务队，提供土壤深松、精量播种、配方施肥、病虫害综合防治以及机械化收割等技术。为全面推行标准化生产，提高农产品质量和市场竞争力，从传统农业向“互联网+”转型，2015 年与神州农服合作，探索农业托管信息化服务。借助神州农业全程社会化服务平台，合作社通过“线上提供产品，线下提供服务”，实现了农业生产全程智能化管理和信息化服务。社员和农户线上采购农资、寻找农机服务、植保服务、向专家咨询病虫害等防治知识和实现土地流转。

三、农业生产托管的发展趋势

（一）生产托管推动了产业链逆向整合

“三权分置”改革放活了土地经营权。在保护农民相应权益的同时盘活了土地资源要素市场，加快了土地流转速度，使农业经营主体由传统农民发展为家庭农场、大户、企业等新型职业农民，规模化、组织化程度不断提高。农业种植规模在不断扩大的背景下，农业生产投入需求由传统的农资科技，扩大到金融、保险、管理、信息等综合要素，农业生产不仅看重产中，产前、产后各环节都成为重点。在供给侧结构性改革背景下，市场需要的产品，要从产业链条全过程去控制。实践中，农业生产技术需求已从单向技术应用向技术、设施、装备等多项技术措施集成转变。生产托管推动产业链逆向整合，解决了小生产与大市场不协调的突出矛盾。

（二）生产托管加快了现代农业经营体系构建

生产托管创新形成的“万千小农户+大服务”新型生产关系，激活农业经营主体的积极性和创造性，推动了集约化、专业化、组织化、社会化相结合的新型农业经营体系构建。涉农企业、专业化服务组织借助村集体、合作社等本土服务主体，以横向、纵向、交叉联合方式，将农资农机、金融、产后等要素引进产业链条，培育壮大了生产托管的供给市场。供给市场壮大，不但推动小农机向大农机更新换代，也推动农业生产管理向现代经营方式转变。这其中，村集体经济组织、农民专业合作社发挥了“统”的作用，成为服务主体同小农户之间的联结点，在社会化服务体系中起着承上启下的桥梁纽带作用。在村集体、合作社组织下，提高了农民的组织化程度，提升农户市场地位，也减小了服务交易成本。例如，山西省平遥县在县政府的协调下，以农机合作社联合社方式搭建垂直的服务体系框架，将农机商、农资商、农业企业等各类主体捆绑在一起，通过“区域布点”的模式铺设网络，提供包括农资在内的全程生产托管服务。农民这一托管模式中社会化服务需求容易得到满足，企业进行农资销售，科技含量较高的农资产品更容易送到田间地头。

（三）生产托管加速了现代科技的应用和创新

农业生产托管让农户借由服务组织的专业化服务将先进适用的品种、技术、装备等要素导入农业生产，切实解决经营方式粗放落后、生产效率低等问题。一是推动了科技引进、应用和示范。生产托管服务主体在整合国内外的科研资源上具有很高积极性，是将先进信息化、互联网等现代要素引进托管领域，成为先进技术进入农业的一个重要渠道。推动了新品种、新技术、新装备、新理念等现代生产要素在农业中的应用。例如，山西省寿阳县引进墨西哥功能玉米新品种后，农户用适合食品和特种玉米加工的订单新品种代替原来竞争力较弱的传统产品，从而提升产品市场需求，提高农户议价能力，增加销售利润。宝清美来建立“千亩示范田”，示范先进的种植技术，精良的农机具，对当地其他服务主体发展产生了巨大影响。现代农业的发展成果经由生产托管的形式，通过规模化作业，真正延伸到了小农户。山西省平遥县建立了生产托管 App，采用互联网管理生产托管合同，利用农业遥感监测技术动态监测生产，提高了精准管理和远程控制能力。二是推动了服务主体自主创新。专业化服务组织技术装备先进，通过推广应用深松整地、统防统治、有机肥替代化肥等绿色高效技术，可以有效帮助和带动缺乏相应装备和技术的普通农户。服务主体利用自有资金，在技术、品种、肥料、基质等方面进行创新，并在统一服务过程中进行示范推广，由此产生了技术外溢效应。

（四）生产托管推动了数字技术在农业领域应用

大数据、人工智能、物联网等新一代数字技术和共享经济理念，越来越广泛应用在农业生产托管领域。开发服务管理硬件、软件产品，提高生产托管管理水平。例如，农机具装上 GPS，手机完成作业后台就知道作业面积及质量，开发 App 软件进行托管农户合同管理，节省人工，提高了作业效率。神州数码集团借助互联网、移动通信、大数据及渠道优势，搭建了基于土地产权交易为中心的综合服务平台。服务平台经济，推进构建新的商业模式，盘活闲置土地资源、推进土地规模化。通过信息化手段，社会化服务实现了可视化、实时化和全过程记录。农村土地确权登记颁证后，进一步推进了农村承包土地经营权有序流转。信息化技术应用，解决了生产托管的供给与需求信息不对称问题。服务平台主要面向农业服务主体，小农户对信息化工具的使用习惯和能力限制，还需要经纪人作为中介进行线下推广。互联网服务公司需要很强的信息资源获取能力和服务市场开发能力，要提高线上线下用户活跃度。

四、推动农业生产托管发展的几点建议

（一）扶持生产托管服务主体发展壮大

服务产业是农业弱质产业，客户又是小农户，企业盈利能力弱、风险大，所以对于托管服务主体能力要求非常高。充分发挥财政资金引导作用，按照主

体多元、形式多样、服务专业、竞争充分的原则，鼓励培育和支持多种类型面向小农户的社会化服务组织的发展。引导和鼓励在烘干仓储、售粮服务等产业服务环节实力较强的组织，牵头逆向整合生产托管产业链上各类资源，组建服务联合体，提升产业发展带动能力。针对村集体、合作社等主体使用金融、保险等手段防控风险能力不足的情况，积极引导商业银行、农村信用社等金融部门，创新适合托管服务组织的金融产品，简化审批手续，使生产托管顺利开展。帮助解决托管服务组织流动资金不足的问题。

（二）加大农业基础设施和农机装备投入

在生产托管起步阶段，树立发展农业生产托管，农业基础设施建设先行的意识。以开展生产托管试点项目为契机，加大农村基础设施投入，为降低农业服务成本创造了良好的环境条件。创新机制，引导企业、大户等各类经营主体投资农业基础设施建设，鼓励各地积极探索农业基础设施经营管理机制，引入竞争机制，提高农业基础设施供给效率。补短板，面向现代农业发展的需要，针对制约农业生产托管发展的薄弱点、关键点，结合农民需求迫切的农业基础设施建设项目，明确各地农业基础设施建设的主攻方向，通过提升完善农田水利设施、道路、物流等基础设施，减少农业社会化服务发展的障碍。加大大型农机具补贴力度，重点向规模以上的托管服务组织倾斜，推动农机装备的提档和升级改造。

（三）培育生产托管服务农户需求市场

正视中国小农经济社会特点，坚持“本土化”原则，重视利用农村集体组织、乡村精英、“能人”等本土资源在组织小农户的作用。鼓励各地探索“村集体+合作社+农户”“合作社+农户”等生产托管组织方式，通过“做给农民看，带着农民干”，发挥示范带动作用，并引导建立以增加农户收入为核心的利益分配机制和多元化、长效化增收机制，让小农户在“被服务”中有更多“获得感”，培育壮大小农户的需求市场，利于实现分散小农户与农业社会化服务大市场顺利对接。为确保农户利益，在利益分配机制上，社会化服务增值收益除与农户自己种植收益作比较外，还应考察土地作为农户的资产，能否为农户带来财产性增值收益。鼓励合作社、种养大户、家庭农场、农业产业化龙头企业等各类新型经营主体发挥龙头带动作用，强化约束内容，加强监管与服务，实现合同可追溯管理。

（四）加强生产托管政策顶层设计

相关领导及政府部门要进一步提高思想认识，高度重视社会化服务工作，将生产托管作为落实乡村振兴战略、深化农村改革、推动农业现代化的重要手段。认真学习、深入落实生产托管相关政策，正确解读生产托管政策，确定发展目标，细化支持政策，科学编制和完善实施方案。以试点项目为契机，从政策设计、组织管理、典型打造、资金配套等方面通盘考虑，在服务指导、政策扶持、规范管理、宣传推广等方面发挥政府主导作用，推动生产托管工作开创新局面。加强试点地区政策执行情况监督检查，一旦出现问题，指导其在不影响大局情况下及时纠偏。

参考文献

常伟，王丽霞，2018. 农业生产托管中的风险配置研究——基于反向租佃视角［J］. 农村经济（9）：87-92.

陈航英，2019. 小农户与现代农业发展有机衔接——基于组织化的小农户与具有社会基础的现代农业［J］. 南京农业大学学报（社会科学版），19（2）：10-19.

党国英，2016. 中国农业发展的战略失误及其矫正［J］. 中国农村经济（7）：2-14.

董欢，2018. 农机服务体系：模式比较与政策优化——基于农业经营主体分化视角的考察［J］. 农村经济（10）：116-122.

杜志雄，肖卫东，2019. 农业规模化经营：现状、问题和政策选择［J］. 江淮论坛（4）：11-19.

韩庆龄，2019. 小农户经营与农业社会化服务的衔接困境——以山东省M县土地托管为例［J］. 南京农业大学学报（社会科学版），19（2）：20-27.

李凌，2015. 平台经济发展与政府管制模式变革［J］. 经济学家（7）：27-34.

芦千文，2019. 农业生产性服务业发展研究述评［J］. 当代经济管理，41（3）：38-44.

穆娜娜，孔祥智，2019. 合作社农业社会化服务功能的演变逻辑——基于仁发合作社的案例分析［J］. 财贸研究，30（8）：64-75.

王颜齐，史修艺，2019. 组织化内生成本视角下小农户与现代农业衔接问题研究［J］. 中州学刊（9）：33-40.
王玉斌，李乾，2019. 农业生产托管利益分配模式比较研究［J］. 改革（8）：119-127.
杨彩艳，齐振宏，黄炜虹，等，2018. 农业社会化服务有利于农业生产效率的提高吗？——基于三阶段 DEA 模型的实证分析［J］. 中国农业大学学报，23（11）：232-244.
曾起艳，孙凯，仝志辉，2019. 基于农户选择视角的土地流转与土地托管比较分析［J］. 世界农业（9）：4-11.
张红宇，2018. 中国现代农业经营体系的制度特征与发展取向［J］. 中国农村经济（1）：23-33.
赵军洁，徐田华，2019. 新型农业经营体系的创新实践和改革思考［J］. 现代经济探讨（3）：93-100.
郑宏运，李谷成，周晓时，等，2018. 农机社会化服务有利于培育新型农业经营主体吗？——以种植大户为例［J］. 农业现代化研究，39（2）：300-308.
钟真，2019. 社会化服务：新时代中国特色农业现代化的关键——基于理论与政策的梳理［J］. 政治经济学评论（2）：92-109.

报告5

我国种业改革政策梳理和发展趋势分析

自2011年开始，我国政府各部门先后出台了一系列文件，通过深化体制改革、强化政策扶持、健全法制保障“三管齐下”的方式，推动我国民族种业由传统向现代的转型升级。本研究按照时间顺序，从实施意见、相关法律、相关规划三个方面，重点介绍了我国及北京市种业改革的相关政策，并分析了种业改革的未来发展趋势。

一、我国种业体制改革的相关政策

（一）实施意见

自2011年以来，我国农作物种业发展进入产业升级的新阶段，以培育企业市场主体地位、提升种业企业国际竞争力为目标，开展一系列改革，相继出台种业改革实施意见、法律法规和规划，将种业改革推向深入（表1-1）。

表1-1　关于种业改革政策梳理

时　间	制定主体	名　称	意　义
2011年4月	国务院	《国务院关于加快推进现代农作物种业发展的意见》	我国农作物种业产业升级新阶段的“里程碑”，实现了三个突破，明确种业国家战略地位、科研基础性公益性分工、企业市场主体地位
2013年12月	国务院办公厅	《国务院办公厅关于深化种业体制改革提高创新能力的意见》	拉开了科企改革序幕，突出以种子企业为主体，推动育种人才、技术、资源依法向企业流动

（续表）

时　间	制定主体	名　称	意　义
2016 年 7 月	农业部、科技部、财政部、教育部、人力资源和社会保障部联合发布	《关于扩大种业人才发展和科研成果权益改革试点的指导意见》	以创新种业人才发展机制和深化科研成果权益改革为突破口，建立健全种业人才培养、评价、流动和分类管理机制，促进科研成果转移转化、权益分享，确定了试点重点省份

2011 年 4 月，《国务院关于加快推进现代农作物种业发展的意见》（以下简称为《意见》）发布。这是我国农作物种业发展历史上的一个里程碑，标志着我国农作物种业将进入产业升级的新阶段。该文件的出台有三大突破：一是首次明确了农作物种业的地位，即农作物种业是国家战略性、基础性的核心产业，是促进农业长期稳定发展、保障国家粮食安全的根本。二是首次明确了种业科研的分工，国家级和省部级科研院所和高等院校要重点开展种业基础性、公益性研究，逐步建立以企业为主体的商业化育种新机制。三是首次明确了企业的主体地位，2000 年《中华人民共和国种子法》出台，使种子企业成为种子市场的主体，而《意见》中明确了种子企业是商业化育种的主体，是种业发展的主体。

2013 年 12 月，《国务院办公厅关于深化种业体制改革提高创新能力的意见》发布，全文共七条意见，以下简称“国七条”，拉开了科企改革的序幕，该文件指导思想是充分发挥市场在种业资源配置中的决定性作用，突出以种子企业为主体，推动育种人才、技术、资源依法向企业流动，促进产学研结合，提高企业自主创新能力，构建商业化育种体系。

种业体制改革的重要内容是：支持科研院所和高等院校与企业开展合作研究，鼓励科研院所和高等院校科研人员到企业从事商业化育种工作，推进种业体制改革，坚持基础性科研与商业化育种合理分工，强化企业创新主体地位，鼓励企业利用公益性成果培育新品种。种业体制改革，就是要改变现有的育种体系、育种投入模式及评价标准等，建立从下游需求出发，按照产业应用、筛选测试、品种培育、亲本创制、基础支撑的顺序进行布局的商业化育种体系，以应对跨国种业公司垄断的挑战，提升我国种业的核心竞争力，实现可持续发展。

2016 年 7 月 14 日农业部（现农业农村部）、科技部、财政部、教育部、人力资源和社会保障部联合发布了《关于扩大种业人才发展和科研成果权益改革试点的指导意见》，以创新种业人才发展机制和深化科研成果权益改革为突破口，建立健全种业人才培养、评价、流动和分类管理机制，促进科研成果转移转化、权益分享。改革目标是建立种业人才培养、评价、流动和科研成果权益改革的新机制，培养引进一批具有国际领先水平的种业科技人才，取得一批具有基础性、战略性和重大应用前景的突破性种业科研成果，成果转化收入明显增长，形成一批典型示范；到 2020 年，构建起以科研院校为主体的基础性公益性研究和以企业为主体的技术创新相对分工、相互融合、“双轮驱动”的现代种业科技创新体系，为建设种业强国提供坚实支撑。

该意见确定改革单位范围。种业改革单位包括种业科研领域的中央级和各省（区、市）属科研院所和高等院校。中国农业科学院、中国农业大学、中国热带农业科学院要整体推进种业人才发展和科研成果权益改革，发挥引领示范作用。北京等省（市）作为改革重点省份之一，要发挥科研和产业优势，深入推进，率先突破。

（二）相关法律

2015 年 8 月，《中华人民共和国促进科技成果转化法》和 2016 年 4 月国务院办公厅关于印发《促进科技成果转移转化行动方案》的通知两个文件，表明了国家对种业改革的决心和方向，决心要打通科技与经济结合的通道，促进大众创业、万众创新，鼓励研究开发机构、高等院校、企业等创新主体及科技人员转移转化科技成果。针对科企结合，文件提出了要切实增强科研创新能力、成果转化能力和科企结合的能力，并提出改革的方向是“国家基础科研能力不能弱化、科研机构的科研实力不能变弱、科研人员的收入不能降低”等，对于科研人员持股、离岗创业等改革的实践要开展试点。目前，在计划经济体制向市场经济体制转化过程中，种业改革进入“深水区”。长期以来形成的国家育种优势在国家队，企业成长为创新主体，在科研、转化能力上还很弱的现实，都要求进一步加强科企合作（表 1-2）。

2016 年 1 月，《中华人民共和国种子法》（简称《种子法》）和农业部《关于贯彻实施〈种子法〉全面推进依法治种的通知》（以下简称为 2016 年《通知》）。《种子法》为加快现代种业发展、建设种业强国奠定了法律基础。新修订《种子法》要求坚持市场化改革方向，按照鼓励创新、简政放权、放管结合原则，对种业科研育种、生产经营、监督管理等制度进行了全面改革。2016 年《通知》强调推进种业改革是各级农业主管部门的重要职责，提出了种业体制改革的方向和要求。要坚持深化种业体制改革，推进种子管理简政放权，激发市场主体活力；要坚持基础性科研与商业化育种合理分工，强化企业创新主体地位，鼓励企业利用公益性成果培育新品种。推进种业科研成果权益化改革，探索建立成果权益分享、转移转化和科研人员分类管理机制，促进科研人才向企业有序流动。推进种业科企合作，建立产学研结合的研发创新体系，提升种业育繁推一体化水平（表 1–2）。

2016 年中央一号文件《关于落实发展新理念加快农业现代化　实现全面小康目标的若干意见》，关于加快推进现代种业发展，提出了大力推进育繁推一体化，提升种业自主创新能力，保障国家种业安全。深入推进种业领域科研成果权益分配改革，探索成果权益分享、转移转化的科研人员分类管理机制。强化企业育种创新主体地位，加快培育具有国际竞争力的现代种业企业（表 1–2）。

表 1–2　关于种业改革的法律和实施意见

时　间	部　门	名　称	意　义
2015 年 8 月	全国人民代表大会	《中华人民共和国促进科技成果转化法》	表明国家对种业改革的决心和方向，打通科技与经济结合的通道
2016 年 4 月	国务院办公厅	《国务院办公厅关于印发〈促进科技成果转移转化行动方案〉的通知》	
2016 年 1 月 1 日	全国人民代表大会	《中华人民共和国种子法（2016 年修订版）》	坚持市场化改革方向，按照鼓励创新、简政放权、放管结合原则，对种业科研育种、生产经营、监督管理等制度进行了全面改革
2016 年 1 月 15 日	农业部	《关于贯彻实施〈种子法〉全面推进依法治种的通知》	

自 2015 年新《种子法》颁布实施以来，农业部已修订发布了《主要农作物品种审定办法》《农作物种子生产经营许可管理办法》，修订了《主要农作物品种审定标准（国家级）》等配套规章，提出在保证安全的基础上，将高产稳产、绿色优质、品种判定权交给农民，满足市场多样化需求（表 1–3）。

表 1–3　主要农作物品种审定标准（国家级）

类　型	要　求
高产稳产型	品种高产稳产，试验产量平均比对照品种（生产上大面积推广的骨干品种）增产 3% 以上

（续表）

类　型	要　求
绿色优质型	品种具有节约水肥资源，减少化肥、农药施用，适宜机械化作业或轻减化栽培等优良性状，产量可适当放宽
特殊用途型	适应市场多样化品种，申请者可以根据市场实际需求，提出品种审定标准，报备后，自行开展试验

（三）相关规划

2012 年 12 月《全国现代农作物种业发展规划（2012—2020 年）》（以下简称《规划》）。为贯彻落实《关于落实发展新理念加快农业现代化　实现全面小康目标的若干意见》，农业部会同有关部门编制了《规划》，这是中华人民共和国成立以来首次对现代种业发展进行的全面规划。《规划》明确了种业发展的时间表，将《关于落实发展新理念加快农业现代化　实现全面小康目标的意见》确定的现代种业发展目标分为两个阶段：第一阶段，到 2015 年基本实现“两个分离”，即积极引导和推进科研院所和高等院校逐步退出商业化育种，科研院所和高等院校与其所办的种子企业“事企脱钩”。第二阶段，到 2020 年，建立以产业为主导、企业为主体、基地为依托、产学研相结合、育繁推一体化的现代农作物种业体系。实现“四个提高”，即主要农作物良种覆盖率由目前的 96% 提高到 97% 以上，良种在农业增产中的贡献率由目前的 43%提高到 50%以上，商品化供种率由目前的 65% 提高到 80% 以上，前五十强种子企业的市场占有率由目前的 30%提高到 60%以上（表 1-4）。

为了实现第一阶段“两个分离”目标，2015 年 5 月《关于加快推进种业“事企脱钩”的通知》发布，为进一步深化种业体制改革，确保 2015 年年底前完成种业事企脱钩。提出对逾期未完成事企脱钩的种子企业将注销其经营许可证，不得再从事种子生产经营活动等严厉措施，来确保完成事企脱钩。事企脱钩将加速提高行业集中度，使得人才、资本、技术等优势资源加快流入具有资金、研发优势的龙头企业，大幅提高商业化育种能力。

2015 年 1 月《全国农作物种质资源保护与利用中长期发展规划（2015—2030 年）》。2015 年农业部、国家发展和改革委员会、科技部联合发布规划，设置了“加强农作物种质的收集保存”“强化农作物种质资源的深度发掘”“深化农作物种质资源的基础研究”与“加强农作物种质资源保护与管理”四项任务，“国家农作物种质资源保护体系”“国家农作物种质资源精准鉴定评价体系”和“国家农作物种质资源共享利用体系”三个体系，并具体落实为“第三次全国农作物种质资源普查与收集行动”“农作物种质资源引进与交换行动”“农作物种质资源保护与监测行动”“农作物种质资源精准鉴定与评价行动”和“优异种质资源创制与应用行动”五个行动，各个行动明确提出了“为什么做、做什么、怎么做、谁来做、在什么时间做”等具体要求，具有很强的可操作性。该规划是首次以政府文件给予作物种质资源工作的最高待遇，也充分体现了国家对种质资源具有公益性、基础性和长期性等战略地位的高度重视（表1-4）。

《国家南繁科研育种基地（海南）建设规划（2015—2025年）》。国家南繁基地是我国得天独厚的育种基地。每年来自全国29个省（区、市）、700多家南繁单位的6 000多名科技人员，活跃在南繁基地。南繁为加快品种选育进程发挥了独特的作用，70%以上的优良高产品种经南繁选育，为国家粮食安全作出了突出贡献。

南繁规划将26.8万亩适宜南繁科研育种的区域，划定为永久基本农田，实行用途管制。制定了南繁基地建设的近期目标和远期目标。到2020年，力争建立起南繁基地的“四梁八柱”，主要包括基本完成核心区新基地土地流转、核心区农田水利设施建设、科研生产生活配套服务区工程建设，并加快建立一套较为完备的南繁法律法规、政策支持和管理制度体系，以及协调联动、督查考核、信息通报全覆盖的信息化网络，还有一支监管有力、服务高效的南繁管理队伍。到2025年，力争把南繁基地建设成集科研创新、良种培育、成果展示、人才聚集、信息交流于一体的种业创新高地。南繁规划划定了科研育种保护区后，以省为单位，统筹考虑现状和发展要求，统一拿地、统一规划、统一建设、统一运行和统一管理的“五统一”，让南繁基地建设更加合理有序，扭转了各省企业、科研机构各自为战情况（表1-4）。

表1-4　关于种业发展的规划和推进政策

时　间	部　门	名　称	意　义
2012年12月	国务院办公厅	《全国现代农作物种业发展规划（2012—2020年）》	明确了种业改革时间表：到2015年基本实现“两个分离”；到2020年，建成育繁推一体化的现代农作物种业体系

（续表）

时　间	部　门	名　称	意　义
2015 年 5 月	农业部办公厅	《关于加快推进种业“事企脱钩”的通知》	落实“两个分离”，科研院所和高等院校逐步退出商业化育种，科研院所和高等院校与其所办的种子企业事企脱钩
2015 年 10 月	农业部、国家发展改革委、科技部	《全国农作物种质资源保护与利用中长期发展规划（2015—2030 年）》	体现了国家对种质资源具有公益性、基础性和长期性等战略地位的高度重视
2015 年 11 月	农业部、国家发展改革委、财政部、国土资源部和海南省政府	《国家南繁科研育种基地（海南）建设规划（2015—2025 年）》	划定永久基本农田，实行用途管制。让南繁基地建设更加合理有序，扭转了各省企业、科研机构各自为战情况

二、北京市种业体制改革的相关政策

《关于扩大种业人才发展和科研成果权益改革试点的指导意见》，将北京市确定为全国实施种业改革的重点省份之一，在种业体制改革创新、种业创新能力建设、商业化育种体系构建、种业管理服务优化等方面开展先行先试，探索和破解制约我国现代种业发展的体制机制问题和深层次矛盾问题。

1. 多渠道促进科技成果转化

为全面盘活科研机构的科研成果和人才资源，最大限度地激发科技创新的活力，在推动科企改革和事业单位分类改革中，2014 年北京市颁布了《加快推进科研机构科技成果转化和产业化的若干意见（试行）》，也就是一般所指“京科九条”。“京科九条”共有 9 个方面的内容，包括：科研机构可以自主设置科研岗位，可以年薪制聘任高层次人才；科研经费可用于产业化，成果转化 70%收益可用于奖励；鼓励科研机构将仪器设备、科学数据、科技文献等科技资源向社会开放，为科技型中小企业提供孵化服务等（表 1–5）。

“京科九条”明确表示，要支持科研机构深入开展协同创新，要深化“首都科技条件平台”建设，鼓励科研机构将仪器设备、科学数据、科技文献等科技资源向社会开放。科研机构除了开放科技资源获得服务收益、合作生产收益等效益外，政府还将根据开放的科技资源量、服务业绩等，给予一定补助支持。

同时，北京市也将鼓励科研机构与企业联合共建重点实验室、工程（技术）研究中心、技术转移中心和产业技术创新战略联盟，开展重大课题攻关和科技成果转化。将通过政府购买服务等方式，支持科研机构为企业提供研发、中试、技术咨询、人才培训等服务。

2. 提高科研人员创新创业积极性

为进一步深入贯彻落实习近平总书记在全国科技创新大会的重要讲话精神，全面建设北京全国科技创新中心，积极推动国家（北京）现代种业自主创新试验示范区建设，深化种业体制改革，加快现代种业创新发展，全面提高种业创新能力，2016 年 11 月 22 日发布了《北京市种业人才发展和科研成果权益改革工作方案》。结合北京市实际情况，确定北京市农林科学院为改革试点单位之一，全面开展种业人才发展和科研成果权益改革试点工作。重点任务：一是深化科研成果权益改革。全面贯彻落实《关于扩大种业人才发展和科研成果权益改革试点的指导意见》中的人员分类管理、持股、兼职兼薪、成果转化、权益分配等政策措施，探索不同形式的权益分配方式，建立完善相关配套制度。创新成果转化权益分配形式，在已有的权益比例提成、分红等分配形式上，积极开展所属机构拥有重大育种成果的主要负责人科研成果股权分配和兼职试点工作。二是鼓励种业人才合理流动。按照政策规定，加强与企业开展人才合作交流，加快科研人员流动，明确兼职、兼薪要求，做好养老保险衔接等保障工作。三是强化公益性基础性研究。进一步加强基础性公益性研究，深入开展种质资源创新、常规作物育种等基础性公益性技术和理论创新研究，增强原始创新和集成创新能力（表 1-5）。

2017 年 7 月，《关于推进北京市种业人才发展和科研成果权益改革工作的若干意见》，由北京市农村工作委员会、北京市教育委员会、北京市科学技术委员会、北京市财政局、北京市人力资源和社会保障局、北京市农业局六部门联合发布，以创新种业人才发展机制和深化科研成果权益改革为突破口，建立健全种业人才培养、评价、流动和分类管理机制，着力激发科技人员创新热情，提出了全面落实改革的 10 项重点任务。具体包括：实施科技人员分类管理，鼓励种业科技人员合理流动，完善种业科技人员评价考核和培养引进机制，明确种业科研成果权益，推进成果转移转化和公开交易、加大科研成果权益分配的激励力度，规范科研成果转化资产处置收益管理、保证改革单位及其科技人员的成果转化收益等。

3. 提升北京现代种业科技创新引领地位

2020 年 3 月，《北京现代种业发展三年行动计划（2020—2022 年）》，由北京市农业农村局、北京市发展和改革委员会、北京市科学技术委员会、北京市财政局、北京市园林绿化局联合印发，紧紧围绕农作物、畜禽、水产和林果四大种业、十二个优势物种，计划组织开展现代种业科技引领行动、现代种业产业提升行动、现代种业创新成果转化行动、现代种业发展环境优化行动“四大行动”，实施十二项重点工程，做强创新链，做精产业链，提升价值链，优化服务链，有力支撑北京现代种业创新高质量发展。政策创新方面，北京市提出建立种业重大项目“一事一议”机制，开辟绿色通道，实行特事特办。加大种业人才引进和培养力度，支持引进领军人才、高层次人才、紧缺人才和高水平创新团队，支持在京种业企业、第三方机构与高校合作设立种业人才培训基地。落实国家种业人才发展和科研成果权益改革政策，用足用好现有中关村各项政策措施，鼓励科研人才向种业企业流动。保证种业科研、保种、试验、生产、示范所必需的农业用地和必要的生产生活用地（表 1–5）。

表 1–5　北京市关于种业改革相关政策

时　间	部　门	名　称	意　义
2014 年 6 月	北京市人民政府办公厅	《加快推进科研机构科技成果转化和产业化的若干意见（试行）》（京科九条）	探索科研机构科技成果公开交易制度；科研成果转化 70% 收益可用于奖励；支持科技资源对外开放
2016 年 11 月	北京市农村工作委员会、农业局	《北京市种业人才发展和科研成果权益改革工作方案》	确定北京市农林科学院为改革试点单位之一，全面开展种业人才发展和科研成果权益改革试点工作
2017 年 7 月	北京市农村工作委员会等六部门	《关于推进北京市种业人才发展和科研成果权益改革工作的若干意见》	建立健全种业科技人员分类管理、人才流动，完善评价考核和培养引进机制，保障科技人员成果转化收益等
2020 年 3 月	北京市农业农村局等五部门	《北京现代种业发展三年行动计划（2020—2022 年）》	落实国家种业人才发展和科研成果权益改革政策，用足用好现有中关村各项政策措施，鼓励科研人才向种业企业流动

三、我国种业体制改革的趋势分析

1. 明确科研机构种业科研基础性、公益性定位

2011 年《国务院关于加快推进现代农作物种业发展的意见》首次明确了农作物种业是国家战略性、基础性的核心产业；2015 年修订的《中华人民共和国种子法》确定了种业基础性、战略性地位。《中华人民共和国促进科技成

果转化法》出台，提出了我国要打通科技与经济结合的通道，鼓励研究开发机构、高等院校、企业等创新主体及科技人员转移转化科技成果。这就需要通过科研事业单位改革，提升科研事业单位基础性创新能力。通过科研成果权益改革，推动种业科研人才从事以应用性为目的的基础性研究。

2. 培育种业企业市场创新主体的地位

中国加入世界贸易组织（WTO）以后，承诺公共财政不再支持商业化育种。推动商业育种与科研机构脱钩，强化企业技术创新主体地位已势在必行。自 2011 年《国务院关于加快推进现代农作物种业发展的意见》发布，我国农作物种业发展进入产业升级的新阶段，以培育企业市场主体地位、提升种业企业国际竞争力为目标，开展一系列改革。在定位上明确基础性科研与商业化育种合理分工，推动科研机构与企业合理分工和深入合作；鼓励企业兼并重组，壮大企业市场主体规模。自 2012 年以来，农业部积极推进科企合作，促进育种要素向企业流动，开展商业化育种。北京、江苏、吉林、安徽等省（市）也都出台了一些政策，保留科研人员事业身份，带着技术到企业，到企业搞研发，推进现代种业的发展，尤其是做大做强企业。以确保按照规划目标，到 2020 年，建立以产业为主导、企业为主体、基地为依托、产学研相结合、育繁推一体化的现代农作物种业体系。

3. 科企合作成为推动种业发展有效途径

我国种企中，除了少部分企业有育种机构支持外，大部分还要走科企合作的路，要与我国各级农业科研机构合作。谁找到正确的合作对象，谁就找到了自己的优势发展潜力。我国众多的种企与各级科研机构正在进行着各种形式的合作，促进了科技成果的转化，提高了农业生产效率，推动了企业的发展与成长。基于企业实际，选择适合的科企合作模式，发挥科技创新对企业发展带动作用。例如，育繁推一体化企业仰仗雄厚资本，可以与科研机构开展全方位合作；中、小企业可以发挥市场营销优势，开展联合推广。鼓励企业通过资本运作、加大自身研发资金投入、拓展营销市场等途径，在国家配套政策与项目资金的扶持下，使企业快速成长为所有制明确、科技自主创新能力强、市场营销竞争力高的民族种业企业。

参考文献

陈玛琳，陈俊红，2016. 新形势下北京种业发展的路径研究［J］. 北方园艺（6）：176-180.

侯军岐，黄美霞，2017. 我国种业整合服务平台建设与管理研究［J］. 农业经济问题，38（1）：75-82，111.
李立秋，2016. 种子行业发展面临的三个突出问题［N］. 中国经济时报，2016-07-15（9）.
刘晴，卢凤君，张国志，等，2017. 种业创新资源向企业流动的模式与机制研究——以北京顺鑫农科种业科技有限公司为例［J］. 农业科技管理，36（3）：66-70.
余剑，王瑜，吴琼，等，2016. 以产学研合作加速商业化育种进程——关于中种集团产学研合作的研究［J］. 中国种业（12）：36-39.
喻婷，陈洁，刘武，等，2016. 市级农业科研单位科研成果转化工作的思考与建议［J］. 农业科技管理，35（2）：63-65.
张鸿，刘宗敏，郑林用，等，2011. 农业科研单位科技创新与成果转化的问题与对策研究［J］. 科学管理研究，29（1）：58-62，120.
张世煌，2016. 种业科企合作是必然趋势［N］. 中国经济时报，2016-07-15（10）.
周玉忠，刘少坤，李秀丽，2016. 新《种子法》背景下提升种企育种创新能力的策略分析［J］. 农业科技管理，35（6）：72-75.

报告 6

种业科企合作方式、面临的问题和对策研究

推动科企合作发展，能有效弥补种子企业和科研单位双方的短板，优势互补，使优势资源得到充分流动，实现资源优化配置。本研究归纳总结了国内种业科企合作的主要方式，分析了种业科企合作过程中面临的问题，从政策、企业、科研院所和科企合作四个层面提出推进种业科企合作的几点建议。

一、种业科企合作的主要模式

1. 品种权许可转让

植物新品种权指完成育种的单位或个人对其授权的品种依法享有的排他使用权。《中华人民共和国植物新品种保护条例》有效保护了育种的单位或者个人对其授权品种的合法权益。实现植物新品种权效益最大化的主要途径是以许可转让方式，将品种交给企业，由企业来推广，发挥优质种业公司市场、资金等优势，促进种业成果转化。例如，河南省农业科学院粮食作物研究所“郑单958”与4家企业合作推广；北京市农林科学院“京科糯2000”“京科糯120”转让给北京农科玉育种开发有限责任公司，推广面积占全国糯玉米面积的一半以上。

2. 科企股份制合作

股份制合作就是科研机构与企业联合，建立市场为导向、企业为主体、产学研相结合、育繁推一体化的股份合作制企业。企业看中科研机构创新能力，科研成果市场预期比较好，通过市场运作能为企业带来更高收益。科研机构看中企业市场运作实力，能推动成果转化。例如，2011年北京市农林科学院与中国种子集团共同出资成立了中种杂交小麦种业（北京）有限公司，注册资

本 3 600 万元。北京市农林科学院代表国有股权，以技术和品种权等无形资产出资 1 050 万元入股；科技人员股权，北京市农林科学院按照《中关村国家自主创新示范区企业股权和分红激励实施办法》，将“二系杂交小麦高效繁种、制种技术的非专利技术”进行评估作价。企业股权，中国种子集团以现金出资 1 810 万元。中种杂交小麦种业（北京）有限公司成立后，基础性研究更多的是由北京市农林科学院来完成，而杂交小麦规模化制种技术，测试体系和示范体系的建设等应用研究，由公司负责。这是北京市农林科学院最早进行产学研结合，开展育繁推一体化商业育种体系的有益尝试。

3. 产业化联合体

产业化龙头企业与科研机构，以拓宽品种区试渠道、提高新品种市场占有率为目标，采取“品种转让+技术服务”方式，结成作物品种育繁推一体化联合体。这一方式下，科研机构采取独家授权或多方授权方式转让品种经营权，负责授权品种的繁育、技术改良、人才培训等服务工作；企业向科研机构支付品种经营权费用，提供需求和试验示范基地并负责推广、宣传、打假等。例如，为扩大“京科 968”推广，2012 年北京市农林科学院发起并成立了“北京国家现代农业科技城玉米新品种研发联合体”。最先采取“5+1”形式，其中，“5”包括中国种子集团有限公司、山西屯玉种业科技股份有限公司、北京德农种业有限公司、山东登海种业股份有限公司和河南现代种业有限公司这 5 家经验丰富、实力较强的骨干种子公司，“1”是指北京市农林科学院玉米研究中心。玉米研究中心授权这 5 家企业使用、开发和推广经营“京科 968”，后者则一次性付给前者 2 000 万元品种使用费。2019 年“京科 968”“1+5”联合体又进行一次重要延伸，玉米研究中心与安徽丰大种业股份有限公司签订了转化合作协议，组建成立了新的“1+7”研发联合体。在联合体的推动下，“京科 968”累计推广面积已超过 1 亿亩，产生了显著的社会效益和经济效益。

4. 企业专家合作

企业专家合作方式是以企业需求为导向，以项目为载体，专业技术人员与企业建立紧密的合作关系，帮助企业培育人才团队、集聚创新资源、突破关键技术等，推动科技成果快速转化。例如，北京市农林科学院围绕着京冀科技协同一体化和北京市都市型现代农业发展需求，在北京市、河北省、陕西省等地建设了 12 个综合服务试验站。据不完全统计，截至 2020 年年底，12 个综合服务试验站累计示范新品种 61 个，推广配套技术 33 项，转化物化成果 22 项，在近 30 个村建立核心示范区，展示示范面积 1 万余亩，辐射带动 2. 6 万余亩，通过科技专家“一对一”“手把手”传帮带，培训当地基层技术骨干 786 人，新增经济效益 1 674 万元。

5. 委托研发

委托研发方式是以品种为核心，企业提供育种资本，资助科研单位品种选育，双方约定共享育成品种收益，最终实现互利双赢。该模式是以市场为导向进行定向研发，产生效益快，且能较好规避双方风险，具有较强的灵活性和操作性，是较为理想的种业科企合作模式。例如，黑龙江垦丰种业股份有限公司与东北农业大学签署玉米生物育种研发协议，东北农业大学参与黑龙江垦丰种业的育种顶层设计，公司为东北农业大学提供育种费用，并开放品种鉴定测试网络，取得研究成果后，双方按协议共享知识及技术成果的权益。深圳农科玉种业有限公司出资委托北京市农林科学院玉米中心选育与开发鲜食玉米。

6. 共建创新平台

共建创新平台即科研单位与种企共同创建育种研发与应用等平台，通过共同投入、共享成果，推进种业科技创新。这种合作仅限于研究开发新品种活动，合作中可以相互弥补育种专家、实验室、实验基地、种质资源及资金投入等方面的不足，减少新品种开发中的负担与风险。例如，中农集团种业有限公司与山东省农业科学院在开展玉米研发战略合作过程中，共建玉米研发中心，开展育种和产业化开发工作；中国种子集团与华中农业大学共建大型生物技术育种研发平台，企业投资、购置仪器设备，科研单位开展技术开发和技术服务等。

二、我国种业科企合作面临的问题

国家出台的种业改革和鼓励科研人员创新创业政策，为种业科企合作、科技创新和成果转化带来了难得的机遇，但也存在一些亟待明确和解决的问题。

（一）组织管理层面

1. 种业成果知识产权归属不明晰

知识产权保护和界定是影响科研成果转化和促进科企合作有效开展的核心问题。现有以技术为导向的科研育种格局中，育种家是科研团队的核心，科研经费主要来源于政府财政投入。《中华人民共和国科学技术进步法》明确，“除涉及国家安全、国家利益和重大社会公共利益的外，利用财政性资金形成的植物新品种权等科研成果，授权项目承担者依法取得”。但未对项目承担方进行成果转化的行为做出明确约束。例如，利用财政资金从事职务发明，成果知识产权归属单位与个人，但单位与个人之间的归属及比例如何确定？农科院所属研究所的科研成果归属农科院还是研究所？进行权益改革过程中，农科院机关与研究所职工之间股权结构如何确定？一旦科研成果知识产权可以作为技术股，将来如何进行转让和继承等？这些细节问题直接影响科研成果转化过程中各利益主体的权益。国家资助科研项目的知识产权归属制度虽已经明确“放权让利”的原则，但还缺少权利归属的具体细则和实施意见。

2. 种业成果转化中介服务体系不完善

种业成果转化中种业价值评估和资源共享平台建设方面尚有难题。一是种业价值评估难。作物新品种权等种业成果的价值除经济价值外，还包括学术价值、社会价值、法律价值、环境价值等影响着成果交易环节的其他重要因素。目前，尚没有科学的成果评估方法和具有公信力、权威性的评估机构提供专业化服务。二是资源共享平台不完善。由于科技成果及资源掌握在科研单位，面向企业开放和流动的机制缺乏，共享平台建设跟不上需求变化。尽管在农业农村部主导下建立了“全国农业科技成果转移服务中心”和“国家种业科技成果产权交易中心”，在北京市科学技术委员会支持下建立了“农科城种业科技成果产权交易及转化服务体系”，但由于种业技术服务的信息化、网络化还不够完善，这些平台服务成效尚不够明显。对于种业成果发布、评估、交易签证、纠纷处理等服务管理制度也不够完善。

（二）科研机构层面

1. 科研院所发展方式不适应现代种业需要

农业科研事业单位作为准公益性组织，在从事农业科技创新产品和推广服务过程中面临着以下问题：一是利用财政资金建立起的种质资源库、试验室、试验基地等各类资源，受单位性质、经费管理和制度不完善等方面限制，面向社会开放共享不够。二是科研机构农作物育种走在国内同行前列，但与企业合作方式、方法少，机制创新不够，科研成果真正向企业转化少。在培育企业创新主体的今天，由科研单位的成果转化推动下，实现种业企业发展壮大的典型模式和经验还很缺乏。以科研单位为主体，与相关科研、企业单位开展的大联合、大协作局面还没有形成，难以发挥科研人才与技术的集群效应。

2. 科研人才稳定性和流动性需要平衡

优秀的育种人才及团队是科研机构事业发展的核心，但基础性研究在短期内很难见到实用价值。种业改革制度鼓励科研人员以成果转化方式走向市场，由此科研机构面临着育种专家或育种团队将进入企业，影响本单位科研创新能力。基础性科研人员与应用性科研人员收入拉开差距，势必有一大批育种专家愿意从事应用性研究，动摇从事基础性科研人员稳定性。科研单位一方面要实现基础性人员稳定并调动基础性研究人员积极性，另一方面还要激励应用性人才创新创业和向企业流动，面临着两方面平衡的问题。

（三）种业企业层面

1. 种业企业的规模和实力不强

种业企业科研基础薄弱，育繁推一体化大企业少，有能力与科研单位开展全面合作的种企资源不多，能参与国际市场竞争的大型民族种业“航母”更是缺乏。国内种业企业在科研方面的基础薄弱，更没有太多种质资源的积累。大多采用常规方法，老材料反复应用，育种周期长、难度大、效率低，尤其在基因工程分子标记、单倍体育种等生物技术研发方面还较落后。中国种业发展成熟度低，加上农业企业在财务、税务、法律、内控等方面普遍存在规范性不足，直接首次公开募股（IPO）门槛高，难度大，与资本结合面临诸多障碍。

2. 种业企业管理有待进一步规范化

尽管我国种业市场已发展到一定规模，科研与企业间交流与合作较为广泛，但中国种子产业市场化起步晚，种子企业对于合作研发工作的重视程度不够，对于研发人才的培养不够重视，缺少技术培训规划和方案，企业在科研、育种、技术开发、市场拓展等关键研发环节人力与技术储备不足，科企合作研究关系不紧密，研发成果难以达到企业的预期目标。企业研发人员跳槽无规则，也有的企业专门挖同行的研发骨干。与科研单位合作目的不明确，签订合作协议时也会出现由于利益分配谈不拢，反复扯皮现象，也有不按照协议执行的情况。

（四）科企合作层面

1. 国有资产面临流失风险

科研事业单位成果积累并形成的国有资产，在科企合作的成果股权量化、分配过程中，如果操作不当可能会面临国有资产流失的风险。例如，科企合作过程中，科研单位后续增资跟不上，可能面临着所持国有股份被稀释的风险，造成资产流失。科研成果在机构内部如何进行分配、股份结构如何确定等问题也有待深入探讨。

2. 科企合作融合度不高

目前，种业科企合作处于发展的初期阶段，合作内容多为签订协议、组建实体公司、开展技术攻关、联合推广等工作。科研与生产融合度不深，存在“两张皮”问题。让科研成果、育种材料、技术人员、育种资源流动起来还面临一些制度限制；企业成为市场主体、推广主体，但远没有成为科技创新的主体，科研投入积极性不高，反哺科研能力不足。

三、推进现代种业科企合作的对策建议

（一）完善种业改革政策，促进衔接顺畅，执行有效

1. 建立种业改革协同推进工作机制

种业改革涉及政府职能理顺、科研事业单位改革、种业企业发展等多方面，问题复杂，影响大，需要建立种业改革协同推进工作机制。研究出台符合地方实际的种业改革实施方案，明确任务和落实各主体责任；建立由政府主管领导牵头，相关委办局参加的联席会议制度，共同研究出台“事企脱钩”“人才激励”“科研成果权益分配”等政策。深化改革试点单位在资源共建共享、权益分配和股权激励机制、科研攻关组织方式、成果市场化转移转化、人事制度管理等方面改革。建立种业改革的“容错纠错”机制，给予改革者、创新者制度层面的鼓励和保障。

2. 深化种业科研项目的支持方式改革

积极探索建立公益性基础性研究和常规作物育种长效支持机制，鼓励原始性、突破性、颠覆性创新。建立“自下而上”科研项目选题立项机制，将研究成果定位在转化应用、解决生产实际问题上，并完善作物育种的多元化投入机制。制定长期的育种发展规划和技术路线图，并规范阶段性绩效评估办法，根据评估结果，采取后补贴的方式，对绩效考评优异的团队和人员给予长期、稳定的科研经费支持，以保证种业科研的长期稳步发展。

（二）加快科研事业单位改革创新，争取机制上有所突破

1. 明确地方性院所育种体系中的定位

地方科研院所要围绕地方经济社会发展对公共科技的需求，发挥公共科技解决社会发展领域中重大、难点、热点问题的作用，推动地方经济社会健康持续稳定发展。一是从事以应用为目的的基础性研究。不断优化调整学科方向，研究重点围绕我国主栽作物，开展遗传规律、前沿性现代育种技术的探索和核心技术研究。开展主要农作物的种质资源搜集、保存、鉴定、评价、创新和利用研究；研究现代育种理论与技术方法，种子生产、质量控制等关键技术。开展现代分子技术和适应大规模商业化研发的信息化、自动化技术集成创新。二是重视技术成果转化和推广。充分发挥在新品种繁育、良种良法、技术服务与推广等方面优势，加强基础性、公益性成果的宣传和推广，与种子企业紧密合作，将竞争性产品或技术研发逐步转向以企业为主体，形成以市场需求导向下的育种新机制。三是以调动科研人员积极性为改革核心。坚持把是否促进种业发展、是否给科研人员带来实实在在的获得感作为改革评价标准，鼓励大众创新、万众创业，营造促进科技成果转化的氛围。完善成果收益分配政策，确保基础性和应用性成果之间互动和有效衔接、两类科研人员队伍结构合理且相对稳定。

2. 探索人才激励政策落实处的路径

充分利用好现有的政策，先行先试，为种业改革全面推开探索道路积累经验。种业企业在股权结构上，体现核心育种家的价值，使育种家、经营骨干、企业、科研单位的利益捆绑在一起，产生向心力。可积极探讨“股权+绩效激励”等多种行之有效的办法，以避免“股权稀释”问题。对既是科学家又是研究所（中心）领导的双重身份人员，落实《关于扩大种业人才发展和科研成果权益改革试点的指导意见》的相关规定，实行分类管理。健全种业科研人员分类评价考核制度，处理好基础型与应用型科研、公益性与经营性工作性质的关系。对于基础性研究人员措施是“稳”，加强重点学科和重点实验室建设，改善工作条件，对于新品种培育、新种质创制、功能基因挖掘、育种技术创新等基础性科研项目予以长期稳定的经费支持。对于应用型研究人员措施是“活”，培育科研人员市场意识，鼓励科研人员从市场上找信息，解决生产中的实际问题，突出成果产业化和市场评价。

（三）发挥市场配置资源作用，提升民族种企竞争力

1. 多渠道推动种业企业发展壮大

大力推进科企合作、资本运作等方式，扶持种业企业做大做强。选择适当合作模式，发挥科技创新对企业发展带动作用。鼓励企业通过资本运作、加大自身研发资金投入、拓展营销市场等途径，在国家配套政策与项目资金的扶持下，使企业快速成长为所有制明确、科技自主创新能力强、市场营销竞争力高、具备抗击跨国公司冲击实力的民族种业企业。为优化产业布局，积极鼓励和大力支持种业跨区域的兼并重组。

2. 加快推动企业成为创新主体

进行种业体制改革，实现科企在真正意义上完全脱钩，构建起商业化育种体系是一项复杂而又长期的系统工程，不能盲目照搬国外的做法，要充分考虑我国的国情，应在充分试点试验的基础上，总结经验，避免全面推行带来的不确定因素。以现有农业科研机构内部形成的科技创新型种业企业为基础，培育育繁推一体化的种业企业，推动育种人才、技术、资源依法向企业流动，促进产学研结合，构建商业化育种体系。对于在世界上首创并具有颠覆性的科研成果，应从发展民族种业的高度，加大投资力度，抓住机遇，迅速占领市场，从战略上抢占先机，将这类技术和品种推向全世界。

（四）优化科企合作模式，推进科企深度融合

1. 不断优化科企合作模式

科企合作最终目的是科研单位选好具有广阔市场前景的合作领域和合作伙伴，采取适当合作模式，通过理顺科企合作企业的法人治理结构，构建一个由育种家为核心、紧密联系市场、快速反应的研发、生产、营销体系。建立科研院所、科技人员、战略合作者共同持股份的混合所有制，形成科技人员持股比例高，管理层、技术骨干相对持大股的格局。对于职工入股愿望强烈、人数较多的单位，可先实行股份合作制，逐步向规范的股份制转化。对于那些资产规模大、经济效益好的单位，股份有限公司则是最佳的选择。在设立股份有限公司时，有必要保留部分国有股份，同时也应积极吸收社会上的各种投资基金的介入。

2. 推动科企从合作走向融合

在科研单位权益改革的基础上，探索通过权益的资本化，以托管或者共投共管的方式，实现企业和科研单位在股权层面的更顺畅、更直接合作。推动企业重视科研投入、提升农业科研整体创新能力和水平，打造具有国际竞争力的种业企业有重要的意义。鼓励龙头企业通过控股优势科研单位参股的合资公司，或者由龙头企业控股收购优势科研单位所属的科技企业，建立起龙头企业与优势科研单位之间以资本为纽带的持续性战略伙伴关系，发挥龙头企业的产业优势与科研单位的研发育种优势，实现优势互补，大大加强科研成果的产业化、规模化推广力度，通过资本纽带反哺科研单位、激励育种专家。大大促进应用型科研人员和相关资源向企业流动，最终将促进企业形成其自主研发能力，提高其科技创新水平。

参考文献

陈玛琳，陈俊红，2016. 新形势下北京种业发展的路径研究［J］. 北方园艺（6）：176-180.

侯军岐，黄美霞，2017. 我国种业整合服务平台建设与管理研究［J］. 农业经济问题，38（1）：75-82，111.

李登旺，仇焕广，张世煌，等，2016. 中国种业发展的国际比较与改革思路［J］. 世界农业（9）：162-168.

李立秋，2016. 种子行业发展面临的三个突出问题［N］. 中国经济时报，2016-07-15（9）.

刘康平，2014. 试论当前我国中小种企的困惑与出路［J］. 中国种业（11）：14-16.

刘晴，卢凤君，张国志，等，2017. 种业创新资源向企业流动的模式与机制研究——以北京顺鑫农科种业科技有限公司为例［J］. 农业科技管理，36（3）：66-70.

余剑，王瑜，吴琼，等，2016. 以产学研合作加速商业化育种进程——关于中种集团产学研合作的研究［J］. 中国种业（12）：36-39.

喻婷，陈洁，刘武，等，2016. 市级农业科研单位科研成果转化工作的思考与建议［J］. 农业科技管理，35（2）：63-65.

张鸿，刘宗敏，郑林用，等，2011. 农业科研单位科技创新与成果转化的问题与对策研究［J］. 科学管理研究，29（1）：58-62，120.
张世煌，2016. 种业科企合作是必然趋势［N］. 中国经济时报，2016-07-15（10）.
周玉忠，刘少坤，李秀丽，2016. 新《种子法》背景下提升种企育种创新能力的策略分析［J］. 农业科技管理，35（6）：72-75.

第二篇

宜居乡村

报告 7

北京山区农民搬迁促进乡村振兴典型案例分析

北京市自 2004 年起，先后启动了四轮地质灾害易发区和生存条件恶劣地区的农民搬迁工程。经过十几年的建设，在北京郊区建成了一批具有一定规模的美丽安全新村，这其中既有民俗旅游专业村，也有远近闻名的小康村和“北京最美的乡村”。第一批实施搬迁的山区村目前大都是民俗旅游专业村，其中七道梁村、超梁子村、史庄子村、玻璃台村等被评为北京市市级民俗村，超梁子村、玻璃台村、将军关村等被评为“北京最美的乡村”。到 2018 年年底，超过 60 个搬迁村确定了以发展民俗旅游业作为村庄主导产业的发展策略。乡村旅游业和民俗接待的蓬勃发展，有效推动了村民在乡就业、在家致富，并形成了年轻人返乡创业、就业潮，大量劳动力返乡就业带来了村庄发展的再度繁荣。搬迁工程不仅使山区农民避开地质灾害隐患区，实现了安居，还搬出了新生活、新生态、新产业、新农民，搬出了一个个“望得见山、看得见水、记得住乡愁”的新农村。本研究以门头沟区炭厂村和洪水口村、延庆区大吉祥村以及密云区尖岩村为例，从新村建设、村庄产业与经济发展、村民生活、未来发展战略等多方面，分析搬迁工程对远郊山区村庄发展的促进带动作用。

一、门头沟区妙峰山镇炭厂村

坐落于妙峰山镇北部的炭厂村是千年古村落，景色秀美，自然纯朴，历史古迹和人文资源丰富。村内许多文物古迹保存良好，有华北地区最完整的土炭窑，以及多处明清时期的古民居，具有极高的学术研究价值。村内有国家 3A 级景区——神泉峡景区，山林风光秀美，山泉资源丰富，独特的火成岩地质构造了众多奇特的景观；京西古道的分支——驼铃古道穿过西沟通往塞外坝上草原，兴起于明朝的京西太平鼓表演广受好评，另有蹦蹦戏、荆编等非物质文化遗产得以传承。炭厂村还是红色革命根据地，2016年北京市旅游发展委员会挂牌红色旅游教育基地。拥有得天独厚的自然环境资源与历史人文资源的炭厂村，抓住山区搬迁与美丽乡村建设的契机，实施“生态立村，旅游兴村”发展战略，以生态休闲旅游为抓手，采用“资源入股、全民入股”股份合作制，推进村庄产业结构调整与发展方式转变。经过十几年的建设，炭厂村已经成为远近闻名的旅游专业村，村庄经济蓬勃发展，村民守着家乡创业致富，真正实现了“绿水青山就是金山银山”。

（一）搬迁新村建设

炭厂村自2014年开始实施险村搬迁升级改造工程，于2017年1月完成搬迁入住，共实施了168户320人的搬迁工作。搬迁过程中，炭厂村在统筹村庄规划、统一房屋风貌的前提下，由村民自主进行房屋建设；在达到规划要求标准、通过验收后，兑付建房部分的搬迁政策资金及抗震节能改造资金到每户，同时预留了部分搬迁基础设施费用由村委会统筹组织基础设施建设。炭厂村的房屋建设采用青砖灰瓦的统一格调，房屋建设精良，房屋结构安全且功能齐全，庭院内外整洁干净，院落古朴整齐，整个村子随山势分布错落有致。

炭厂村80%的新农宅是平房，单栋面积为100平方米左右；另有20%的两层楼房，单栋面积为200平方米左右。自“险村搬迁”政策实施以来，家家户户都修建了新房子，新建房屋配备干净独立的卫生间，有统一合格的下水管道，冬季采用电采暖。2016年，炭厂村作为住房和城乡建设部批准的全国规划试点村之一，定位于山区旅游型村庄，探索建设具有北京特色、符合农村实际的实用型村庄。

（二）产业与经济发展

炭厂村经历了三次大的产业转型发展，中华人民共和国成立初期实行大农业生产，联产承包责任制分产到户后开始发展林果业；2004年确立“发展民俗旅游，引导村民致富”的目标，2007年开始开发神龙峡景区，2010年景区对外营业，炭厂村正式确定了以生态旅游业为主导产业的村庄产业发展模式。2017年村集体经济收入近1 200万元，主要来自景区、林果业和民俗接待收入。炭厂村2009年人均年收入仅4 000元，到2017年村民人均年纯收入超过15 561元，成为远近闻名的旅游专业村。

1. 种养业

为促进生态环境保护，炭厂村现已全面封山育林，村庄所有的耕地均已退耕还林涵养水源，由此形成了以林果业为主的一产产业结构。全村共有林果园148公顷，包括800亩的仁用杏基地，100亩苹果园，80亩核桃园，20亩樱桃园、海棠园和鲜杏园，还种植了香椿、红果、海棠、大枣、李子等；另有部分村民开展了蜜蜂养殖。种养业与村庄休闲旅游业已经紧密融合。

2. 休闲旅游业

炭厂村实施“生态立村，旅游兴村”发展战略，以发展旅游为重心，积极开发神泉峡景区，推进农村产业结构调整。在景区建设中，实行股份合作制，村民以资源入股，全村206户、379人，不分男女老幼，一人配5股，一股200元，年底按利润分红，极大地调动了村民参与建设和经营的积极性。炭厂村以自然山水的沟域特色为依托，原生态特色突出，旅游设施相对完善，年均接待游客超过3万人次，全村年旅游综合收入超过400万元，仅景区门票收入就超过200万元，景区每人每年分红1 000元。炭厂村因此获得了北京市民俗旅游村、北京市卫生村、首都文明村、北京郊区生态文明村、北京山区发展先进村、北京市休闲农业星级企业等称号。

3. 民族民俗

从2013年开始，村里人陆续办起了农家乐。目前全村挂牌民俗户有28户，能同时接待400人住宿，另有乡村餐馆10余家。民俗户年旅游收入大多在20万~30万元，低的也有10多万元。实现了“不离乡、不离村，守着青山绿水就能致富”。以前外出打工的年轻人都已经返乡创业，带回了先进的发展理念与经营理念，村庄民俗旅游业发展更上一个台阶。

（三）村民生活

炭厂村所有村民均已入住新居，平均住宅面积156平方米，90%的村民对新居建设非常满意；在房屋建设中，村民自筹资金比例约为54%，60%的受访家庭自筹资金15万元左右；80%的农户正在或以后准备开展民俗旅游。村民家庭平均人口2.6人，其就业以在本村开展民俗旅游经营为主。得益于民俗旅游的蓬勃发展，原有在外打工的闲散劳动力现在已基本回村就业；大多是子女在外面读书或工作，父母和老人在家经营民俗。村民家庭收入水平相对较高，多数民俗经营户家庭年收入高于15万元，较搬迁前有大幅提升（搬迁前以一产种植业为主时，村民家庭年收入一般在5万元左右），受访村民对现有收入水平均表示满意或尚可。年纪大、看病难是村民反映较多的问题。

（四）存在的主要问题及未来发展策略

村庄建设用地少是制约发展的最主要问题。建设用地指标不够使得很多优质产业发展项目无法落地，同时，公共卫生间建设、乡村道路扩建等都存在用地难的问题。建议北京市规划和自然资源委员会在通过实地考察后，根据实际情况予以调剂，适当地把建设用地向农村地区倾斜。农业农村生态补偿过低、大面积退耕还林农户家庭生计无法保障是村庄面临的另一个问题。门头沟区是北京市的生态涵养区，目前炭厂村所有的耕地都已退耕还林，大部分山场划归生态林地，农民的一产收入极大减少，但是国家的生态补偿补贴却多年未见显著增加，仅从 2009 年的 400 元/人增加到现在的 638 元/人，现有补贴无法真正起到支撑农户家庭日常生活开支的作用。建议国家尽快调整生态补偿制度，算好生态账，反补给农民；或者将退耕农民转变成为国家林业工人，切实提高其工资收入。

在村庄未来发展方面，借助门头沟区实施全域旅游发展的东风，炭厂村将依托村内丰富的旅游资源，考虑与周边旅游村联合，打造特色旅游经典线路。发展“旅游+”模式促进多产业融合，围绕“食、宿、行、游、购、娱、育”七大要素产业进行旅游项目策划，形成“村庄+景区”联动，突出村庄文化特色，以景区带动村庄旅游业发展。

二、延庆区四海镇大吉祥村

大吉祥村位于延庆区四海镇最西端，属北京市远郊村，是四季花海景区的重要节点之一，已经成为北京消夏避暑休闲旅游胜地。大吉祥村共 184 户 372 人，村庄占地面积 174 亩，1 005 亩耕地已经全部流转到村集体待与企业合作开发，山场面积 8 906 亩，村庄森林覆盖率超过 90%，生态环境优良。村域范围内群山环抱，深山幽谷，环境优美。村庄北部山谷原生态的自然资源保护良好，南部花海已初备规模；村庄依山就势，形成十几个高低错落的台地，原始风貌保存较好，传统村落与自然环境融为一体，极具观赏价值。村内历史遗迹众多，拥有边垣长城、妫水源头、古庙宇、古树等历史环境要素；举办了踩高跷、高跷会、民间花会等众多传统民俗活动；周边旅游资源丰富，形成了以四季花海、百里画廊为主的京郊经典旅游线路。

（一）搬迁新村建设

大吉祥村于2014年8月开始实施搬迁，采用整村原址新建的方式建设新村，共搬迁184户372人，目前大部分村民已入住新房。新村建设中最大限度地保留了原始乡村风貌与乡土味道，以院落为单元修复传统村落的文化基因，保证景观轴线及各景观节点的风貌，营造“山水—田园—村落”特色乡村风貌。房屋设计分为平房和楼房两种，平房每栋4间房约110平方米，楼房多为两层别墅，单栋面积为200~300平方米。规划建设占地3.8亩的村旅游接待中心，包含360平方米的村史陈列馆及多项旅游服务设施；建设村管理中心，建筑面积536平方米，包含老年活动中心、食堂、卫生室、公共浴室等服务设施。

（二）产业与经济发展

大吉祥村创新村庄发展模式，在符合规划要求和不侵害村民利益的前提下，引入社会资本参与村庄建设，以“妫水之源，花海之端，吉祥花谷，幸福家园”为宗旨，大力发展休闲旅游业。一是引入北京大地风景文旅集团（简称大地风景集团）联合进行村庄发展规划与产业开发。村里流转1 005亩土地给大地风景集团，签署50年土地流转协议，每亩地获得一次性租金100万元，50年后地上物归村集体所有。村集体整理出40栋闲置农宅提供给公司发展高端民宿，公司负责修建、修缮、经营房屋，20年后房屋归村民所有。二是引入天猫集团打造天猫小镇，村集体整理出30多处闲置农宅给天猫集团发展线下体验馆和高端民宿，促进人、屋、村、生态、产业融合发展，从根本上打造乡村新秩序新生态，建设形成既有休闲娱乐元素，也有民宿等配套设施，既有主题明确的引爆点，也有完整的休闲闭环的特色小镇，是特色田园综合体。

花卉产业：大地风景集团规划利用流转的土地建设200亩花海，依托现有花卉产业基础，促进花卉产业与村庄环境建设融合，让“村在园中、园在村中”，促进花卉种植与花卉加工、休闲旅游融合发展。

高端民宿产业：依托村庄产业用地和闲置民宅，引入大地风景集团和天猫集团等企业共同开发，发展高端民宿等庭院经济。

民俗旅游业：依托村庄优美的自然风光、历史文物古迹、民族特色文化等资源，大力发展民俗旅游；依托村庄浅山资源，发展户外运动项目；依托乡村民俗，发展观赏、文化体验项目；依托农户家庭闲置民宅（每户2~5个闲置房），发展休闲民宿；引入北京食神餐饮有限公司，发展乡村特色餐饮业；将黄芪茶、无公害蔬菜等农产品生产、小工艺品制作等与休闲旅游结合，以大企业带动做大做强村庄民俗旅游业，形成规模效益，带动村庄发展与村民增收。

（三）村民生活

大吉祥村是远郊深山村，目前村内年轻人大多外出务工，仅部分老人留守在村内。调研中，受访村民平均年龄近60岁，文化层次普遍偏低，大多是老两口在家生活居住，以务农为主，家庭收入水平相对偏低。新民居平均住宅面积208平方米，村民对新居建设均表示满意。以一栋建筑面积260平方米的两层小别墅为例，房子的建设费用在50万元左右，村民以每平方米1 300元的单价购房，村民自筹资金比例约为53%，70%的家庭准备以后利用新宅经营民俗旅游。绝大部分的村民对现在的收入情况不满意，家里没钱、身体不好、看病难是村民反映的主要困难，村民希望通过大力发展旅游业提升现有收入水平。

（四）存在的主要问题及未来发展策略

大吉祥村发展面临的最大困难是劳动力少，新村建设缺乏新生力量。全村劳动力共170余人，目前年轻人基本都在外务工，仅部分老人在家，以务农为主，到冬天村里几乎看不见人。由于村庄地理位置偏远，目前游客仍然较少，少数农户已经开展民俗旅游经营，但是营业收入不高，大部分村民对自身发展民俗旅游信心不足，且多数家庭缺乏发展启动资金。新村建设已经为村庄发展奠定了良好基础，增加村庄软实力将会带来飞跃式发展。因此，村委会计划以大企业为牵引，以激活多方资源为手段，有控制地引导社会力量参与，将全村力量发动起来发展民俗旅游，通过村庄产业发展，将在外务工的年轻人吸引回村创业就业，实现村庄的繁荣兴旺。

三、密云区溪翁庄镇尖岩村

尖岩村是修建密云水库时的整建制搬迁移民村，全村共467户1 400人，其中农业人口1 100人。村域总面积1.1平方公里①，村庄占地面积300亩，

① 1公里=1千米，1平方公里=1平方千米，全书同。

耕地面积500亩，林果地面积350亩，生态用地18 000亩。村里不少民房建于1958年水库移民搬迁时，目前已非常老旧破败。2015年，利用山区泥石流区域搬迁政策，对村内193户危房进行改造，切实改善了百姓生活环境。近年来，尖岩村通过大力整治村庄环境，拆违清乱，安装太阳能路灯，改造房屋院落，环境面貌得到了极大改善，也极大地提高了旅游接待能力。

（一）搬迁新村建设

尖岩村已于2017年12月完成了第一批193户险户危房的改造提升建设。村内安全饮用水覆盖率100%，实现了5通，建有小型垃圾填埋场用于处理村庄垃圾；现有80立方米的污水处理设施，全年运转，处理后出水用作中水浇树；为适应休闲旅游业的发展，拟将污水处理厂的处理能力扩建至400米^3/天。村内公共浴室、卫生室等公共设施较为完备，公交车每10分钟一趟，交通非常便捷。

（二）产业与经济发展

尖岩村在经过几次产业结构调整后，制定了以发展民俗休闲旅游为主的村庄发展战略。尖岩村紧邻密云水库，是密云区西线旅游必经之地，盛产油栗、大白杏、梨等水果，村内有采摘园7处约100亩，垂钓园1处50亩，生态农业与观光采摘已形成一定规模。借助村内大量出产的栗子，村委打造了“水库移民风情特色栗子宴”，利用特色民俗吸引了大批游客前来旅游。当前，尖岩村是市级民俗旅游专业村，现有民俗户90户，另有160户正在办理审批手续，可同时接待1 200人就餐、3 000人住宿。村内年收入超过10万元的民俗旅游经营户有3户，其余经营户年收入以3万~4万元居多。2018年，全村接待游客约2万人，民俗旅游总收入约100万元。为促进村民增收，村委会在密云水库西面密关路观景台设置了40个农副产品售卖摊位，每个摊位每年可收入约5万元。

（三）村民生活

尖岩村原本是密云区有名的低收入村，得益于休闲旅游业的大力发展，2018年年底，村内低收入户全部脱低。村民平均家庭人口4~5人，83%的村民在本村就业，50岁以上的劳动力以在家务农兼发展民俗旅游为主。调查中，所有的受访家庭均在开展民俗旅游，80%的受访家庭准备发展民宿，但是调查中受访家庭现有户均房屋面积不到 83 平方米，开展民宿条件有限。在新房建设中，农户家庭自筹款比例约为 50%；村民对现有住房条件较为满意，但是普遍对收入情况不满意。在村庄发展方面，受访村民普遍反映村庄的街坊路、污水处理设施、村庄环境等需大力提升；在自身发展方面，发展民宿缺资金、没有客源、就业增收缺乏途径、看病难等是村民面临的主要问题；但是村民对发展民俗旅游充满信心。

（四）存在的主要问题及未来发展策略

耕地太少是制约尖岩村发展的主要因素。受水库水源地保护影响，尖岩村目前全村只有 500 亩耕地，每人只有不到 3 分①地，村庄产业发展在空间上受到严重限制。村庄发展中存在的另一个问题是旅游资源特色不突出，民俗旅游项目单一，没有足够吸引游客的著名景点。针对村庄面临的各项困难，尖岩村借助新村建设的契机，全面优化美化村庄环境，提升公共服务与旅游服务设施建设水平；计划将后山 500 亩山坡地流转到村土地经济合作社，建成集观光、摄影、亲子等主题为一体的花海，打造尖岩村特色旅游项目；同时，对接引入有影响力的高等院校（如中央美术学院等）来村共建，打造水库移民特色文化，提升村庄文化品位，吸引更多艺术家驻村创作，也吸引更多游客来村观光，带活村庄经济。

四、门头沟区清水镇洪水口村

洪水口村位于北京市西部风景秀丽的灵山脚下，距灵山主峰仅 12 公里，位于通往灵山的要道口，是北京海拔最高的村庄之一，也是典型的深山村。村域面积 25.98 平方公里，全村 168 户 313 人，133 个劳动力在本村就业。原有的 176 亩耕地大多已退耕还林，仅剩 5.68 亩。2016 年现状建设用地 184.53 亩，规划允许建设用地 178.49 亩（含村庄内外交通用地），其中产业建设用地约 22 亩。周边旅游景点有灵山旅游风景区、小龙门国家森林公园、百花山景区、龙门涧等，村内旅游景点有二帝山、聚灵峡等。2008 年被评为“北京最美丽的乡村”，2014 年被评为“中国最美休闲乡村”。

① “分”为旧制，此处为习惯用语，1 分≈66.7 平方米。

（一）搬迁新村建设

2014 年 7 月，洪水口村正式启动险村搬迁工程，通过统一规划、统一建筑、统一监理，打造安全宜居的新住房，新村占地面积 40 亩，略小于老村。在搬迁过程中，采取“按农宅实施搬迁”的政策，无论是嫁出去的、上学出去的，只要有房子在村里，都可以享受搬迁政策，优惠的政策让全村顺利完成了全部搬迁，深受村民拥护。目前全村新建成“小别墅”135 栋，平房 24 栋，已于 2017 年年底全部入住。小别墅单栋面积分别为 176 平方米、222 平方米和 270 平方米三种类型，平房单栋面积 85 平方米。

新村建设之前，全村有营业执照的仅有 16 户民俗户，接待能力为 500 人左右；新村建设完成后，全村有营业执照的民俗接待户有 60 多户，基本上家家户户都能进行旅游接待，全村接待能力提升至 1 800 人。新民居建设既改善了居住条件，也提升了山区农家游的接待条件，为村民致富打下基础。

（二）产业与经济发展

1. 股份合作制在村庄发展中大显身手

洪水口村曾经生活贫穷、经济落后、外债沉重。在严峻的发展压力下，村委会意识到“守着灵山，是我们洪水口村的优势所在，不能捧着金饭碗讨饭吃。大力发展生态旅游服务业，就一定能改变贫穷面貌”。在党支部的带动下，村庄变劣势为优势，以股份合作制的形式开发了矿泉水厂、灵山古道、农家乐旅游合作社等股份制企业，拓宽了农民增收致富的渠道。目前全村 168 户村民户户入股，针对有些想入股，又拿不出钱的村民，采用“股工制”，以工入股，享有的利润分配权利与资金入股的村民完全相同；既解决了生产需要劳动力的问题，又让这部分村民成了股民，深得民心。

从 1998 年到现在，洪水口村先后组建了十多个股份合作组织，现在仍在经营的股份制项目还有四个，年纯收益 176 万元，分别是灵山清泉矿泉水厂、聚灵峡景区、二帝山景区和古道山庄合作社。年底分红，入股多的人家能分到四五万元，少的也有五六千元。洪水口村成了远近闻名、名副其实的“靠股份合作制助推经济增长、致富奔小康的股民村”。多种合作组织的共同存在、和谐发展，使当地资源、资本、劳动等生产要素在组合中焕发出新的生命力，推动着全村经济的发展。

2. “公司经营、集体持股、百姓分红”的经营模式让村民得实惠

1999 年，村民入股筹集 51 万元建成聚灵峡景区，于 2006 年委托给企业经营，企业每年交给村集体 30 万元收益金，每 3 年涨 5 万元。村民筹集股金 260 万元建设二帝山景区，已于 2014 年委托企业经营，企业每年交给村集体 90 万元收益金，每 5 年上涨 10%。矿泉水厂委托给北京灵山矿泉水有限公司经营，公司每年交给村集体 6 万元收益金，同时村民销售矿泉水的收益归村民所有。在生态旅游业方面，洪水口村成立农家乐旅游合作社，制定《家庭旅游经营管理办法》《食宿标准统一制度》，举办培训班对经营者进行辅导，规范经营行为。集体经济的收益采用“四、四、二”比例分成，即 40%的收益由股东集体分红，40%的收益为“资源共享、人人有份”老百姓集体分红，20%的收益用于发展村庄公益事业。

3. 经济持续增长、农民持续增收

2005 年村经济总收入 859 万元，农民人均纯收入仅 8 403. 8 元。2009 年村经济总收入 1 290 万元，农民人均股金分红 3 600 多元，农民人均纯收入 10 760 元，比全镇平均水平高出 3 000 多元，每年以近 1 000 元的速度递增。2017 年村经济总收入 1 680 万元，农民人均纯收入达到 19 300 元，成为远郊深山村中的富裕村。

（三）村民生活

得益于村内旅游业的蓬勃发展，洪水口村 70%的农户正在或筹备开展民俗旅游经营，农户家庭多为一家三口在家经营民俗，家庭收入水平相对较高。村民均已入住新居，平均住宅面积 270 平方米，所有村民对新居建设均非常满意；由于单栋民宅面积较大，村民建房的自筹资金比例较高，约为 62. 5%，尚在村民的接受范围之内。但由于村庄偏远，冬季和工作日期间游客太少，加上旅游景点特色不突出、民俗接待服务设施落后，很多民俗经营户对村庄旅游业发展前景感到担忧。另外，身体不好、看病难是村民反映较多的问题。

（四）存在的问题及未来发展策略

如何协调保护与发展是村庄面临的首要问题。洪水口村全村位于百花山自然保护区范围内，村庄所在地位于保护区的实验区，其他大部分村庄土地位于保护区的核心区和缓冲区内，生态环境保护要求严格。目前自然保护区规划迟迟没有出台，村旅游休闲等产业建设用地指标太少，相关产业发展严重受限。

二帝山、聚灵峡两个景区的未来发展也处于搁置状态，对村庄经济社会发展非常不利。上级规划与村庄既有现实不符是制约村庄发展的另一大问题。村庄北部有几户既有农宅被规划在生态保护红线范围内，村庄传统民宅被认定为违建，目前尚无解决方案。当前，村庄仅剩的建设用地被规划在一级保护林里面，部分既有农村公路位于上级规划的林地里。村庄负责人说："生态保护红线、林地保护利用规划红线、水源地保护蓝线 3 条线，死死地'勒'住了村庄的发展。"

针对上述问题，洪水口村继续秉承"保护既是发展"的理念，依托丰富的旅游资源，继续加大休闲旅游产业发展力度，合理有序开发旅游资源，在保护中求发展、以保护促发展；同时，推动民俗接待提档升级，深入挖掘特色民俗，打响村庄旅游品牌，壮大村庄休闲旅游产业，推进村庄进一步增产增收。同时，也希望在全国第三次土地调查中，上级政府充分考虑村民的生存问题，将困扰村民的土地问题依据实际情况予以调整，做到"村庄有知情权、有明细账，规划评审有村负责人参加"，让村庄在发展中有自主权、决定权。

参考文献

王琦，周航，王永庆，等，2018. "精准扶贫"背景下低收入村引智帮扶研究——北京密云区溪翁庄镇尖岩村基本村情调研报告［J］. 北京财贸职业学院学报，34（4）：16-21.

杨梅，2017. 美丽乡村建设背景下的村庄规划体系创新研究——以北京市延庆区大吉祥村为例［J］. 小城镇建设（7）：16-25.

朱启酒，钱静，2016. 低收入村旅游发展问题及对策——以门头沟区妙峰山镇炭厂村为例［J］. 北京农业职业学院学报，30（6）：33-36.

报告 8

我国农业环境中主要新型污染物的污染现状及防控策略研究

新型污染物是指由人类活动造成的，目前已明确存在，但尚无法律法规和标准予以规定或规定不完善，在环境中以较低的浓度存在，却能够对人体和生态系统产生较大的健康风险的一类污染物。新型污染物具有很高的稳定性，在环境中难以降解并易于在生态系统中富集。环境中的新型污染物会干扰人类及动物的内分泌系统，从而对机体的生殖发育、免疫系统、神经系统等多方面产生异常效应。例如，作物生长在被抗生素污染的土壤上，或者是施用了含有大量抗生素残留的畜禽粪便肥料，使得抗生素转移到植物体内，人类食用后也可能导致体内抗药菌种类和数量的增加，耐药性增强，使得一些感染性疾病难以治愈，有时还会引发过敏反应。我国所面临的新型污染物问题日趋严重，需要着手控制并削减这类污染物的排放。基于人体健康生态环境安全的新型污染物环境基准以及风险控制和管理技术研究迫在眉睫。

一、农业环境主要新型污染物的来源与潜在风险

（一）微塑料

微塑料是指经过物理降解、光降解和生物降解作用，形成粒径小于 5 毫米的塑料碎片和颗粒。2015 年第二届联合国环境大会上，微塑料作为一种新型污染物，被列入环境与生态科学研究领域的第二大科学问题。

1. 主要来源

直接以微米尺寸生产的塑料，包括塑料颗粒；从化妆品和洗护用品中产生的微塑料；废水处理厂中发现的服装纤维；农田中废弃地膜、遮阳网、农药包

装等残留。

2. 潜在风险

微塑料体积小，具有更高的比表面积（比表面积指多孔固体物质单位质量所具有的表面积），而比表面积越大，吸附污染物的能力越强。塑料是有机高分子聚合物，生产过程中通过添加各类增塑剂、助剂、阻燃剂等有机化学物质来改善其自身性能。这些有机化学物质具有较大的生物毒性，能在环境中持久存在，并通过生物食物链进行累积，影响生物体的生长发育。纳米粒径的微塑料可以穿过细胞膜，进入生物体的循环系统及淋巴组织系统，导致生物体存活率降低、死亡率升高、生长发育不良、繁殖能力降低、免疫毒性及遗传毒性的产生等。

（二）抗生素

抗生素主要是由细菌、霉菌或其他微生物产生的次级代谢产物或人工合成的类似物，不同于无选择性的普通消毒剂或杀菌剂，它能选择性地作用于菌体细胞 DNA、RNA 和蛋白质合成系统的特定环节，干扰细胞的代谢作用，妨碍生命活动或使其停止生长，甚至死亡。

1. 主要来源

环境中抗生素残留主要来源于医用抗生素和农用抗生素。医用抗生素主要包括：医院丢弃的过期抗生素，残留在器械上的抗生素，病人粪便和尿液，药企生产过程中流失或废弃的抗生素。农用抗生素主要包括：兽药生产过程中的损失和废弃物，水产养殖中使用的抗生素，动物养殖中用药后动物排泄物等。

2. 潜在风险

抗生素的大量使用或不恰当使用可以导致抗生素抗性的蔓延。2001 年世界卫生组织（WHO）已将抗生素抗性基因（ARGs）作为 21 世纪威胁人类健康的最重大挑战之一，并将在全球范围内对控制 ARGs 进行战略部署。2015 年 WHO 再次提出要谨慎使用抗生素。抗生素的危害主要有两方面。一方面是抗生素本身的化学毒性。抗生素进入土壤或水体中，会使土壤或水体中的微生物产生毒性效应，破坏微生物生态结构。另一方面，抗生素的潜在危害在于抗生素滥用会在环境中产生抗性基因，导致微生物的耐药性增强以及强耐药性细菌的产生，甚至诱导产生耐药性基因，而细菌的耐药性基因会在同类细菌中转移，增加农业养殖的抗病风险。

（三）环境激素

环境激素又称为环境内分泌干扰物（Environmental endocrine disrupting chemicals，EDCs），是指外因性影响和干扰生物体内分泌系统的化学物质的总称。这些物质可以是天然存在或者人工合成的化合物，与激素的受体结合，影响生物体内激素的含量。

1. 主要来源

环境激素污染物主要来源于农药和化肥、垃圾焚烧和填埋场渗滤液、污水排放和灌溉、杀菌和消毒剂、防锈剂以及塑料添加剂等。环境激素所含化学物质多种多样，除农药外，还有染料、涂料、除污剂、洗洁剂、表面活性剂、氟利昂、重金属、各种塑料制品、药物、各种食品添加剂、化妆品和垃圾焚烧产生的二噁英等。

2. 潜在风险

环境激素进入人体时，会让人体的内分泌系统误认为是天然激素而加以吸收，占据了在人体细胞中正常激素的位置，从而引发内分泌紊乱，造成人体正常激素调节失常。表现在发育障碍、生殖异常、器官病变、畸胎率增加、母乳减少、男性精子数下降、精神和情绪等多方面的问题。不仅是人体，对于其他野生动物体也是一样。多数环境激素在环境中十分稳定而难以分解，长期存在又不易清除。借由空气、水和吸附物的携带，可传递至远离污染源排放的地点污染其他干净的区域。这意味着即便是南北极地区纯净而无污染源的生物栖息地也难以幸免于环境激素的干扰，提高了受害野生动物畸胎、肿瘤、免疫功能下降、生殖障碍等发生概率，对于近代生态保育造成巨大难题。

二、农业环境新型污染物的污染现状和管控难点

（一）微塑料

1. 污染现状

近年来土壤塑料污染已受到广泛关注。有研究报道，土壤中含有的微塑料较海洋中多 4~23 倍。在陆地生态系统中，农田微塑料污染与人类活动密切相关，农田成为各种塑料垃圾和微塑料的一个主要的污染汇。表 2-1 为部分研究测定的农田土壤中微塑料浓度。其中，每千克土壤（干重）中最高达

42 960个，取自塑料温室内土壤。经对比研究，有地膜和污泥使用历史的农田土壤中，微塑料的浓度显著高于只采用传统耕作方式的农田，且与使用年限呈正相关。此外，中国的农田（微）塑料污染主要是农用薄膜残留导致。

表2-1　农田土壤中微塑料的丰度

地　区	微塑料浓度（个/千克，干重）	主要聚合物类型	取样深度（厘米）	取样地
新疆	80.3±49.3	PE	0~40	使用地膜5年
	308.0±138.1	PE		使用地膜15年
	1 075.6±346.8	PE		使用地膜24年
陕西	1 430~3 410	PE、PP、PVC、PET	0~10	部分研究区域使用地膜
东北地区	0~800	PE	0~30	郊区农田
西南地区	7 100~42 960	—	0~10	塑料温室土壤
武汉	320~12 560	PA、PP、PS	0~5	郊区菜地
杭州	503~2 760	PE、PP	0~10	80%的研究区域使用地膜
上海	78.00±12.91	PE、PP	0~3	有地膜使用史
	62.50±12.97		3~6	

注：PE，聚乙烯；PP，聚丙烯；PVC，聚氯乙烯；PET，聚对苯二甲酸乙二醇酯；PA，聚酰胺；PS，聚苯乙烯。

2. 管控难点

目前有关微塑料浓度和微塑料种类对农田土壤生态和作物生长影响的研究以及长远风险和有害性评估非常缺乏。土壤中的微塑料因为赋存介质的复杂性，对其进行清理和修复更具挑战性。尚缺乏专门针对农田土壤中微塑料污染的防治措施，但普遍认为应当开发可生物降解的塑料制品作为替代物。应用可生物降解塑料作地膜会增加土壤的有机物含量，改变土壤微生物生态结构，其效应有待研究。大规模使用可生物降解塑料后，对土壤生态的影响、废弃物的回收利用、生物分解产能（如甲烷）等，亦需进一步研究。

（二）抗生素

1. 污染现状

农业生产和发展与水体密不可分。水体抗生素污染是国际研究的热点。抗生素种类繁多，目前大部分研究涉及的抗生素种类有限，并不能完全反映出水体中抗生素的实际污染状况，因此其真实危害程度难以评估。海水养殖产业是我国现代农业的重要领域，抗生素类污染物对海洋的污染不容忽视

（表2-2）。抗生素类污染物对河流的污染同样关系到河流生态系统健康与农产品安全，引起了广泛关注。目前，我国重要河流均检测到抗生素类污染物（表2-3）。综合来看，抗生素在近海海域和河流中的检出频率较高，这是由于人类活动以及污水排入海洋与河流较为频繁所致。

表2-2　我国海域中抗生素的污染现状

海　域	主要抗生素	浓度（纳克/升）	检出频率（%）
黄海南部海域	磺胺甲恶唑	n. d. ~48	57
	红霉素	n. d. ~1. 7	70
	氟苯尼考	n. d. ~42	53
渤海北部海域	磺胺甲恶唑	3~140	97
	氧氟沙星	3~5 100	55
	诺氟沙星	3~6 800	55
	红霉素	4~150	87

注：n. d. 指未检出。

表2-3　主要河流中抗生素的污染现状

河　流	主要抗生素	浓度（纳克/升）	检出频率（%）
黄河	磺胺甲恶唑	3~56	—
	氧氟沙星	37~264	—
	诺氟沙星	46~300	—
长江	甲砜霉素	3. 3~110. 0	100
	磺胺甲恶唑	3. 49~56. 80	100
	红霉素	0. 35~45. 40	100
辽河、海河、淮河	罗红霉素	27. 4	93
	克拉霉素	21	85
	林可霉素	57. 2	57

2. 管控难点

一是污水处理工艺的绿色技术创新。污水处理厂出水是自然水环境中抗生素的重要来源之一，而抗生素在污水处理厂的去除率与自身物理化学性质和污水处理工艺密切相关。二是相较于水体，我国农田土壤类型多样，其组成、性质和条件的空间分异明显，且土壤中抗生素污染物种类并不单一，形成复合污染，污染程度与厚度也参差不齐，因此，管控和修复难度极大。

（三）环境激素

1. 污染现状

我国农业生产大量使用杀虫剂、除菌剂及除草剂等，使得我国环境激素的生产和使用量处于世界前列。目前虽然已禁止含有环境激素的化学农药的使用，但过去使用的含有环境激素的农药中有不少进入环境，附着在土壤和作物中。国家环境保护总局（现生态环境部）的《水中优先控制污染物黑名单》中被列为管理的 14 类 68 种有毒污染物中有 11 种属于环境激素物质。调查显示，湖北省环境激素类化学品生产总量和使用总量分别为 436.68 万吨和 389.56 万吨，占比为化学品调查总量的 10%。农业环境激素污染下农产品的污染程度不容忽视（表 2-4）。我国现阶段对于化学品中的环境激素无论是系统研究还是治理行动上都还处于起步状态，需要加大力度，加快步伐进行研究和治理。

表 2-4　农产品中环境激素残留

污染类型	污染区域	内分泌干扰物暴露现状
无机内分泌干扰物	四川、贵州、云南	三省绿茶中铅（Pb）含量分别为 1.0 毫克/千克、0.8 毫克/千克和 0.3 毫克/千克
	福建	食用菌干制品中，铅（Pb）最高达 1.2 毫克/千克，砷（As）最高达 7.0 毫克/千克，镉（Cd）最高达 2.2 毫克/千克
	吉林	粮食、蔬菜、水果、肉类、鱼类、蛋类及奶类中均测出 Pb 和 Cd，奶类中 Pb 浓度超标率高达 20%
	山东南四湖	主要经济鱼类及鸭、螺、藕、菱角等湖产品均明显受到 Pb、汞（Hg）、Cd 污染，鱼类体内 Pb、Hg、Cd 分别为 0.6 毫克/千克、0.4 毫克/千克和 0.3 毫克/千克。鸭、草虾和田螺中 Pb 分别为 0.60 毫克/千克、0.60 毫克/千克和 0.25 毫克/千克，Hg 分别为 0.0 毫克/千克、0.2 毫克/千克和 1.3 毫克/千克，Cd 分别为 0.1 毫克/千克、0.0 毫克/千克和 1.3 毫克/千克
	九龙江口	秋茄红树林受到了重金属类 EDCs 的污染
	松花江	经济鱼类 Hg 平均含量 0.1～0.2 毫克/千克，甲基汞平均含量 0.1～0.2 毫克/千克，虽然比 20 世纪 90 年代的污染程度有所改善，仍远高于背景值
有机内分泌干扰物	北京	排污河野生和养殖鲫鱼中壬基酚含量在 30.0～1 510.0 纳克/克，甚至高达水中浓度的 898 倍
	太湖	鱼肝、鱼脂、鱼肉、贝肉和虾仁中的壬基酚含量分别为 588.9 微克/千克、474.0 微克/千克、33.4 微克/千克、2 012.4 微克/千克和 158.3 微克/千克

2. 管控难点

一是农田激素化合物的末端治理。关于天然激素污染的末端治理，目前比较成熟的方法主要有高级氧化法、物理吸附法和生物降解法。这些方法有的费用高且有些产物仍具毒性，有的去除效率低，有的效果好但处理时间较长。这些方法虽然是污水处理中类固醇激素的污染控制方法，但是对于粪便农用引起的农田激素化合物污染的治理和控制研究仅见零星报道。近年来，生物碳作为一种新型的经济高效吸附剂，应用于污染土壤修复的研究增多，但研究并未对生物碳本身的吸附特征进行研究。吸附和降解是影响污染物的两个重要行为，需进一步探讨农用激素污染物吸附和降解的治理机理。

二是缺乏环境激素污染情况的大规模基础调查。我国是农业大国，每年近 40 亿吨的畜禽粪便被施用到土壤，类固醇激素随之进入环境。迫切需要进一步对类固醇激素在土壤和水体等环境介质中的含量进行大规模的调查，确定其在环境中的分布水平及污染情况，并开展类固醇激素的毒理学研究，确定不同天然类固醇激素对人体和动物的安全阈值，出台相关环境卫生标准。

三是我国对生物碳的土壤修复应用主要集中于生物碳对农药等有机污染物和重金属的吸附。虽然类固醇激素在生物碳土壤里的吸附作用较强，解析也比较困难，但同时也延缓了其在土壤中的降解，增加了潜在的污染风险，同时，生物碳中的多环芳烃类物质本身可能也是一种污染源，因此，要大面积投入使用，还有大量工作要做，其综合生态效应有待进一步研究。

三、污染管控对策建议

（一）尽快构建我国新型污染物风险防范体系

发达国家已经初步建立了新型污染物风险防范的法律法规体系，限制新型污染物的生产和使用。并且，为统筹开展新型污染物风险防范工作，国际社会建立了一系列合作机制和管理机构。我国应借鉴国际成功经验和做法，尽快建立符合我国国情和实际情况的新型污染物风险防范体系，从体制机制上建立起防范系统，有效应对新型污染物给我国居民和生态系统健康带来的危害。

（二）加强顶层设计，为新型污染物风险防范提供遵循

一是制定和完善有关新型污染物管理的法律法规。逐步推动大气、水、土

壤污染防治法的修订，将新型污染物的污染防治纳入法律条款。加强源头、流程控制、污染治理方面的立法，明确由新型污染物产生的污染化合物、抗生素等的生产和使用；通过立法明确由新型污染物产生的污染治理和处罚办法。二是建立和完善新型污染物管理的标准体系。制定和修订有关各类新型污染物的大气、水、土壤方面的环境质量标准和技术规范。三是修订和完善与新型污染物管理相关的新型污染物的产品质量标准和卫生标准。根据国家需求，补充和完善新型污染物相关的管理名录，修订《产业结构调整指导名录》。四是制定新型污染物防治的国家规划。逐步将典型内分泌干扰物、抗生素、微塑料等新型污染物减排和污染治理纳入国民经济和社会发展、生态环境保护中长期规划，明确不同新型污染物的减排和治理目标，实施排放总量控制和排污许可管理。

（三）建立新型污染物排放清单，推广和应用各类控制与替代技术

一是查清各类新型污染物底数。建议组织筛查我国正在生产和使用的、具有潜在较大环境风险的、可造成新型污染的产品和产业情况。将一些典型具有较大环境风险的新型污染物纳入全国污染源普查范围，从山水林田湖草和陆海统筹出发，梳理新型污染物污染链条，建立污染源清单，编制污染负荷空间分布图。二是推广和应用各类控制、替代产品和技术。加大对新型污染物危害的宣传力度，激发群众摒弃可造成新型污染风险产品的主动性。同时，发挥政府主导作用，通过各方面的利好政策，促进各类替代产品和技术逐步推广。

（四）加强监测、研究和评估工作，提高防范效果

一是开展新型污染物防治相关的科研工作。建议启动针对新型污染物的国家重大科技专项，加强新型污染物筛查检测技术、环境基准、环境毒理，以及源、汇和人群暴露特征研究，提升对各类新型污染物的污染机制和环境健康风险的科学认知。二是加强对新型污染物的监测。将新型污染物纳入现有的环境监测系统，完善监测网络体系，建立新型污染物的标准分析方法，形成开展全国性监测新型污染物的能力，为全面掌握新型污染物排放和污染状况奠定基础。三是组织开展评估工作。开展新型污染物防治成效和国家实施计划的绩效评估，建立奖惩机制和通报、限期整改制度。建立评估体系，定期评估各类新型污染物带来的人体和生态系统健康风险。

参考文献

蔡一新，华永有，吴晶文，2003. 福建省食用菌铅、砷、镉污染状况研究．卫生研究（6）：588-589.

陈贤，张彩杰，杨桂朋，等，2020. 典型药物及个人护理品在黄东海海域水体中的检测、分布规律及其风险评估［J］. 环境科学，41（1）：194-204.

范奇元，金泰，将学之，等，2002. 我国部分地区环境中壬基酚的检测［J］. 中国公共卫生，18（11）：372-1373.

冯丹，马俊杰，白羽军，等，2004. 松花江哈尔滨江段鱼类汞污染现状研究［J］. 黑龙江环境通报，28（2）：53-55.

江月，陈奕涵，何义亮，2018. 长江下游某水源型水库抗生素抗性基因污染研究［J］. 环境科学学报，38（3）：884-891.

金芬，胡建英，邵兵，等，2004. 天津野生鲫鱼体内壬基酚聚氧乙烯醚和壬基酚监测［J］. 环境科学学报，24（1）：150-153.

李媛媛，刘金淼，黄新皓，等，2019. 美国环境激素污染防治经验及对我国的启示［J］. 境与可持续发展，44（6）：85-89.

刘桂英，葛坤，王召会，等，2017. 近岸海域抗生素污染状况的研究进展［J］. 渤海大学学报（自然科学版），38（4）：331-336.

刘钧，张淑伟，史可江，等，1996. 山东南四湖水产品中铅、镉、砷、汞污染状况调查与分析［J］. 现代预防医学，23（3）：164-166.

刘昔，王智，王学雷，等，2019. 我国典型区域地表水环境中抗生素污染现状及其生态风险评价［J］. 环境科学，40（5）：2094-2100.

罗苹，刘亚铭，傅绍清，2000. 西南地区绿茶产品质量及其污染状况评价［J］. 西南农业导报，13（2）：110-114.

唐竹村，于洪兴，张淑芬，2001. 吉林市食品中铅、镉、砷污染状况调查［J］. 中国食品卫生，13（6）：32-33.

王银，2018. 农村垃圾污染现状调查与对策研究［D］. 西安：长安大学.

徐敏，张涛，王东，等，2019. 中国水污染防治40年回顾与展望［J］. 中国环境管理，11（3）：65-71.

张瑾，李丹，2021. 环境中微/纳米塑料的污染现状、分析方法、毒性评价及健康效应研究进展［J］. 环境化学，40（1）：28-40.

郑文教，郑逢中，连玉武，等，1996. 九龙江口秋茄红树林镉铬镍元素的累积及动态［J］. 环境科学学报，16（2）：232-237.

Chen Y L, Leng Y F, Liu X N, et al., 2020. Microplastic pollution in vegetable farmlands of suburb Wuhan, central China [J]. Environmental Pollution, 257: 113449.

Ding L, Zhang S Y, Wang X Y, et al., 2020. The occurrence and distribution characteristics of microplastics in the agricultural soils of Shaanxi Province, innorth-western China [J]. Science of the Total Environment, 720: 137525.

Huang Y, Liu Q, Jia W Q, et al., 2020. Agricultural plastic mulching as a source of microplastics in the terrestrial environment [J]. Environmental Pollution, 260: 114096.

Liu M T, Lu S B, Song Y, et al., 2018. Microplastic and mesoplastic pollution in farmland soils in suburbs of Shanghai, China [J]. Environmental Pollution, 242: 855-862.

Zhang G S, Liu Y F, 2018. The distribution of microplastics in soil aggregate fractions in southwestern China [J]. Science of the Total Environment, 642: 12-20.

Zhang S L, Liu X, Hao X H, et al., 2020. Distribution of low-density microplastics in the mollisol farmlands of northeast China [J]. Science of the Total Environment, 708: 135091.

Zhou B Y, Wang J Q, Zhang H B, et al., 2020. Microplastics in agricultural soils on the coastal plain of Hangzhou Bay, East China: Multiple sources other than plastic mulching film [J]. Journal of Hazardous Materials, 388: 121814.

报告 9

农业的社会文化功能及其美学内涵

习近平总书记指出，新农村建设一定要走符合农村实际的路子，遵循乡村自身发展规律，充分体现农村特点，注重乡土味道。乡村振兴不能丢了乡土文化这个魂。农业美学注重在审美活动中的感知和投入，追求乡村建设中的家园感和人与自然的和谐，注重当地居民的审美感受。本研究从农业的社会文化功能入手，分析农业的多功能性及其美学的本质，探讨农业美的主要类型，并将农业美学作为应用美学领域的分支学科界定其主要研究内容，分析农业的社会文化功能及农业美学的互促作用。通过农业美学的研究催生农业设计的发展，不仅有助于在乡村振兴发展中培植一种农业美学观，传承好乡村文化，亦可为政府部门实施乡村振兴规划设计提供决策咨询参考。

一、农业的社会文化功能

随着社会经济的不断发展，农业的社会文化功能不断丰富。最初，农业是人类的衣食之源，生命之源；接着，农业成为促进劳动者新陈代谢的工具，还充当人类家园的生物链和生态链，维护着生态平衡、保护着自然环境；后来，农业成为延续文明的主要途径。发挥农业社会文化功能，有助于维护社会稳定，提升农业农村发展内生动力，在促进农村经济社会发展的同时，提升农村人文环境，促进可持续发展。农业的社会文化功能主要表现在两大方面（图 2-1）。

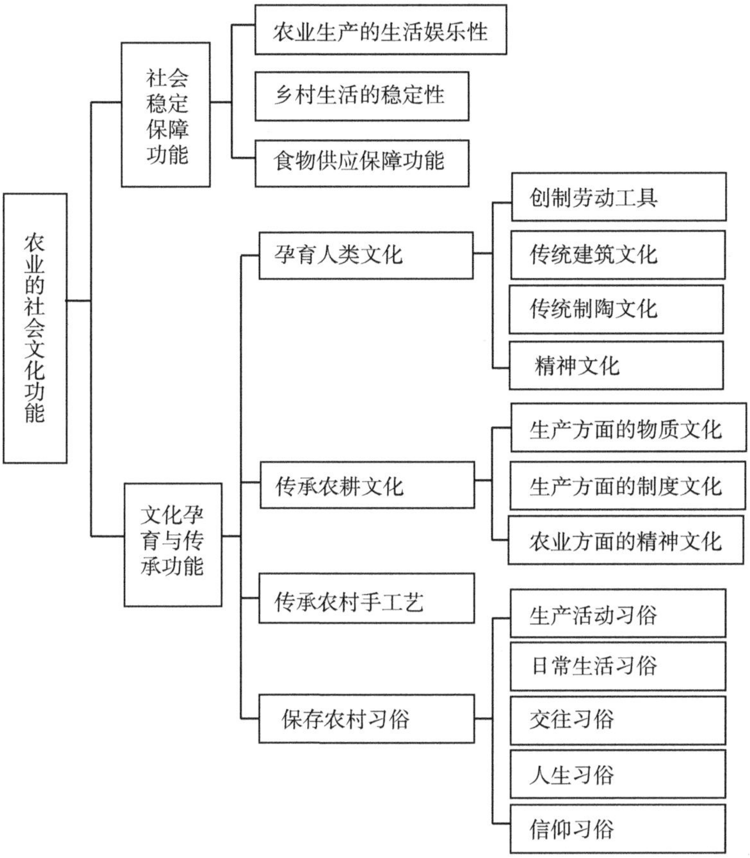

图 2-1　农业社会文化功能的构成

（一）农业的社会稳定保障功能

1. 农业生产的生活娱乐性

农作物生长是一个漫长的增值过程，农业生产是一个充满弹性时间的劳动过程，这就意味着在农业生产过程中劳动者有较灵活的休息时间，劳动者可以在农业生产过程中兼而开展一些娱乐活动，这就赋予了农业生产的生活情趣性。因而一些文人把农业劳动称为田园生活。农业的生活性和娱乐性表现在：一是当以群体形式进行农业劳动时，劳动者可以一边干活一边聊天。二是在集体协作性较强的劳动中唱劳动号子，以组织和指挥集体劳动，统一步伐，鼓舞精神，调节情绪，释放身体负重。劳动号子被提炼成歌曲就成为山歌、秧歌、牧歌、渔歌、樵歌等。三是一些民族或地区，在生产的某一过程或环节上会举行一定的仪式。例如云南哈尼族每年在栽秧时要举行“开秧门”仪式。

2. 乡村生活的稳定性

乡村生活，在劳动内容上以种植、养殖为主。在作息安排上以季节、昼夜变换为据。其生活节奏具有自控性。生活的人文环境表现为恬静安逸、悠闲缓慢。生活的自然环境表现为空气清新、视野开阔、生机勃勃、景色多样。较之工业的高速发展，农业的缓慢发展可以给人一种安全稳定、千年平衡的印象，乡村始终哺育着恬静美满、安全永恒的田园牧歌式的梦幻。乡村生活尤其是这种和谐的日常社交生活为城市居民所羡慕。农业生产的重复进行使生产经营者产生了安居乐业的心态。农民在交往中显现出来的大方善良不是因为富有，而是因为他们天生热情、淳朴和淡泊名利。

3. 食物供应保障功能

食物供应是农业与生俱来的功能。开门七件事，柴、米、油、盐、酱、醋、茶。除了盐之外，件件都靠农业提供，只有农业才能保证这些生活必需品的供应，有了这些食物供应，正如《管子》首篇《牧民》所讲“仓廪实而知礼节，衣食足而知荣辱”，社会秩序赖以建立的伦理道德、法规才能保存，社会才能稳定。随着社会进步，农业的食物供应的内涵在扩大，已从保障粮食安全发展到营养安全。只有进一步加强对耕地特别是基本农田的保护，不断扩大安全优质农产品的生产和供应，才能从“藏粮于民”“藏粮于库”向“藏粮于地”转变。

（二）农业的文化孕育与传承功能

1. 孕育人类文化

农业劳动者创制了劳动工具。农业生产需要各种劳动工具，原始先民首先发明和创造了各种农耕工具。起初是木质和石质工具，后来才是金属材料工具。制造的工具类型包括耕地工具、收割工具、加工工具、贮藏工具等。

农业孕育了建筑文化。因为农业生产要定居，所以，人类必须建造房子。人类进入农业社会后，最早的比较接近现代住房的房屋建筑是干栏式房屋。这种房屋有两层，下面一层圈养家畜，上面一层住人。

农业孕育了制陶文化。定居下来的农民需要贮藏谷物、饮料、煮制食物，所以人类祖先发明了陶器。

农业孕育了精神文化。原始人为了从自然界和农业生产中获得更多的食物，在自身力量和智慧不足的情况下，创造了对影响农业生产的自然因素如太阳、水、土壤、风等的自然崇拜以及原始宗教，形成了各种反映农耕生活的风俗习惯等。这些文化元素的萌芽是人类农业文明的渊源，对整个人类文化体系的发生发育具有基础性作用。

2. 传承农耕文化

农业生产方面的物质文化。如农业工具、农业土地利用、农田水利灌溉、土壤肥料、农作物栽培、耕作、林业生产、畜牧水产养殖、农时节气、农业气象、农业生态保护等农业生产方面的物质文化。

农业生产方面的制度文化。如田地与田赋制度、农产品交易制度、耕作制度、重农政策以及相关法规等。

农业方面的精神文化。如农学理论、农业经营思想、农业生产观念、农业书籍等。

3. 传承农村手工艺

农村手工艺，是指农村实用性与审美性紧密结合的物质形态物品的制作方法。按照联合国教科文组织的观点，农村手工艺属于非物质文化遗产。农村手工艺是小农经济发展的必然结果。小农家庭都是男耕女织生产模式，并辅之以手工制作，农村家庭的成年男子都要会一两门手艺，成为能养家糊口的匠人，如木匠、瓦匠、石匠、铁匠、泥匠、补锅匠、漆匠、染匠，等等。可以说手工艺是农村手工制作的精神产品，匠人是农村手工艺的传人。在农业社会，农村手工艺得以传承。但随着商品经济和工业制造业的发展，传统的农村手工艺正在逐渐消失，亟须提升对传统手工艺的保护与传承。

4. 保存农村习俗

生产活动习俗，如种植耕作习俗，包括农具制作、农事管理、农耕礼仪、农耕节气等风俗；手工习俗，包括各行各业工匠的行规、技艺传承、拜师、祭师祖等风俗；以及狩猎、畜牧、渔业、商贸等。

日常生活习俗，如衣俗，包括服饰制作、装饰佩带、服饰礼仪等习俗；饮食习俗，包括日常食制、节日饮食、风味小吃、饮茶饮酒等习俗；居住习俗，包括民居建筑、居住习俗、室内陈设等习俗；出行习俗，包括修路架桥、运载工具制作与使用等习俗。

交往习俗，如家庭成员交往、联姻、家族与亲族交往、同业行会交往、结义结社、乡规民约等。

人生习俗，包括求子、诞生仪式、满月、抓周、家教、戴锁与解锁等生育习俗；以及停尸、报丧、祭奠、出殡与埋葬、服丧等丧葬习俗。

信仰习俗，主要有图腾崇拜与禁忌、神灵崇拜、祖先崇拜、庙会、巫师与巫术活动、阴阳、占卜等习俗。

二、农业美学的内涵

（一）农业美学的本质

农业的对象是大自然，它的活动限制在大自然的范畴之内。农业并不仅仅对人类的生存至关重要，它还表达出了对美的追求。近半个世纪以来，农业环境的生态价值和审美价值变得日益重要。如何使用自然资源、使得人与自然和谐相处成为农业美学思考的基本问题。

农业美学，就是研究人对农业的审美关系，以及以动植物及其赖以生存和发展的土地、田园、水域和环境，乃至整个农村地区（包括农村地区的道路、城镇、集市、村庄、厂矿和自然环境等）为载体，进行农业劳动对象革命、农业劳动工具革命、农业劳动技能革命、农业劳动过程革命、农业劳动产品革命、农业劳动观念革命。建设美学农业，既生产农业物质产品，又生产农业审美产品，特别是通过田园景观化、村庄民俗化、自然生态化的实现，促进农业生产和农村经济发展的科学。

农业美主要通过有生命的载体来表现，农业生产创造的景观在相当程度上是一种人造的自然景观，亦具有文化的意义，农业美学体现出生命性、自然性、文化性的特征。

（二）农业美学的主要类型

基于农业的属性，农业美学的范畴是非常广泛的。在农业美学的范畴中，我们可以看到自然美、社会美、艺术美、科技美等各类型美的身影，更值得一提的是，这些类型的美并不是割裂的，而是融合为一体的，体现在人与自然的和谐。

1. 自然美

与农业有关的非人类自然物。如“菱荇鹅儿水，桑榆燕子梁。一畦春韭绿，十里稻花香。”“稻香秫熟暮秋天，阡陌纵横万亩连。”这些皆是农村中常见的自然美景。

农业生产地或者农村中发生的自然事件和现象。如“浓雾知秋晨气润，薄云遮日午阴凉。”农业本身即为自然慷慨的馈赠，在农业环境中发生的自然现象，更容易让人产生崇高感、敬畏感、优美感等审美感受。

在绘画等文艺形式中体现。如明代文徵明描绘丰收景象的《食盈丰收图》，西方如凡·高的画作《收获景象》等。

对自然环境和生态系统的审美欣赏。如对于龙脊梯田的欣赏，中国南方稻作梯田是全球重要农业文化遗产，欣赏龙脊梯田规模美、和谐美、线条美、节律美的同时，对其进行地理学、生物学、生态学的欣赏，同样能让人产生美的感受。

2. 社会美

（1）农业人物的美

从事农业生产生活的人的身体美。即从事农业生产以及农业娱乐活动时所展现出的人体形态美、体型美、健康美、姿势美、肤色美、强壮美，呈现出蓬勃旺盛的生命力。

与农业有关的人的神姿美。最大的特点是平实、自然。有收获之美，譬如农民丰收时的畅怀大笑；有劳作之美，譬如少女采莲的清新自然；有农民的沧桑之美，譬如辛苦劳作一生的农民的沟壑纵横的脸、伛偻的身材。

（2）农业日常生活的美

生活环境的美。主要指从事农业生产生活的人们活动的地域，比如村落、社区、建筑等。“绿树村边合，青山郭外斜”便显示了小村庄宁谧清新的美。

生活方式的美。“日出而作，日入而息，凿井而饮，耕田而食”，鸡鸣犬吠、炊烟袅袅的生存状态，男耕女织、儿女绕膝的农村生活情态是我国几千年农耕文化的缩影，也是自给自足、怡然悠闲的农村日常生活写照，这种“本真生活”是现实生活的原发的、生气勃勃的、原初经验性的，也是按照“美的规律”来塑造的生活状态。

人际关系的美。即农村淳朴和谐的人际关系，乡民们平素所接触的都是生而与俱的人物，遵从“习”出来的俚俗，是“土气”的一种特色。这是与现代社会完全不同的，即便在发展飞速的新农村，这种人际关系还依然存续，并且在“美善合一”标准下，有时会由“善”而生发出“美”。

（3）农业民俗的美

在长期的农业生产实践和社会生活过程中，农业社会形成了丰富多彩的民俗，日常生活长期化、固定化之后，形成了一定模式，便会显现出民俗的美。

物质民俗文化，包括生产、交通、服饰、饮食、居住等，例如北方平原地区的马车、南方的舟船、青藏高原的牦牛、东北的冰上爬犁、北京的四合院，粉墙黛瓦、马头墙的徽派建筑，昆明的“一颗印式”民居、哈尼族的“土掌房”、傣族的“竹楼”等。

精神民俗文化，包括语言民俗、信仰、伦理道德、各种禁忌、游艺竞技等。

社会民俗文化，包括社会结构、生活礼仪、农时节气、农业节庆狂欢等。

（4）农业科技的美

科技美分为科学美与技术美，科学美体现人对于事物本质和规律的把握，是抽象的，技术美是人类在实践中创造的客观的工艺美，是具体的。技术美的核心是功能美，它实现了实用功能与审美的有机统一。例如以前麦收时的情景是“黄金铺地、老少弯腰”，而小麦全自动化机械收割技术的实现，“只闻机器响、不见人奔忙”，完全改变了麦收产生的美。又如在封闭的“植物工厂”中，植物的光照、温度等环境要素被全自动控制，一排排绿油油的蔬菜在 LED 灯光的照射下茁壮成长，整齐划一，颇具规模，呈现出传统大田农业甚至一般温室中难以见到的农业景象。这些都是现代高科技赋予农业的美。随着时代的变迁，农业科学与技术飞速发展，科学与技术高度介入并对农业产生了巨大影响，在传统农业向现代农业过渡的时期，科技美更加凸显。

3. 艺术美

（1）“创意农业”形成的艺术美

创意农业可理解为“农业上的创意”，它将科技和文化要素融入农业生产，对农业生产经营的过程、形式、工具、方法、产品进行创意和设计，通过创意把文化艺术活动、农业技术、农副产品和农耕活动，以及市场需求有机结合起来，形成彼此良性互动的产业价值体系，实现了农业生产功能的拓展。创意农业起源于 20 世纪 90 年代，经过多年发展，运用创意的艺术思维，挖掘农业生产本身及农产品所蕴含的美，甚至将其打造成“艺术品”，已经成为增加农业附加值的重要手段和常规手段之一。

（2）脱胎于农耕文化的民间艺术

民间艺术是农民的精神世界和农耕生活方式的集中体现。它是超越实用功利的，是一种自发的审美表现。我国有剪纸、民间绘画、民间舞蹈、民间曲艺、民间雕塑、民间手工艺等非常丰富的民间艺术。

（三）农业美学的主要研究内容

美学作为一级学科哲学之下的二级学科，具有较稳定的学科体系。李泽厚在《美学三书》中从学术科研角度，将美学学科内容按类型和形态进行了划分，包括哲学美学、历史美学、科学美学（图2-2）。其中哲学美学主要研究形而上的问题，研究美的本质、研究内容和形式美的一般规律。历史美学侧重流变、美学历史以及对比研究等。最多类别的是科学美学，这是与实践结合比较密切的部分，产生了大量的交叉学科，是美学最具有生命力的，也是成果较为丰富的部分。科学美学又包括基础美学和应用美学。应用美学包括文艺美学、建筑美学、社会美学等。其中如文艺美学又可以包括音乐美学、书法美学、舞蹈美学、戏剧美学、造型美学等。参照其他美学，农业美学应该属于美学中的应用美学领域。

基于农业美学定义“农业美学是研究农业美、农业审美和农业美实践的

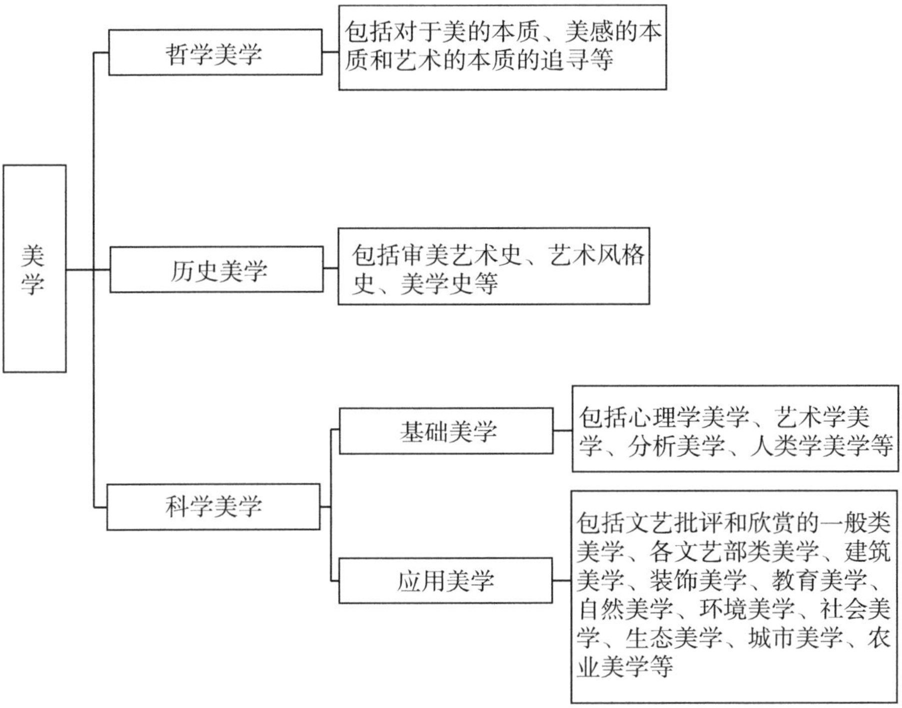

图2-2　农业美学与美学基础性研究的关系

一般规律的综合性人文学科”，综合考虑学科的定位与性质，以及对美学知识的理解，本研究构建了农业美学的主要研究内容（图 2-3）。

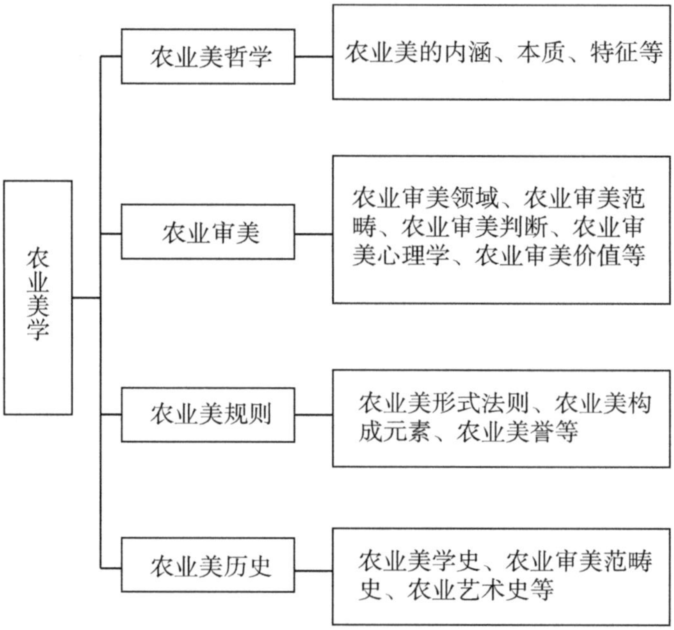

图 2-3　农业美学的研究框架内容

（1）农业美哲学

农业美哲学是农业美的思辨部分，主要包括农业美的本源、本质与特征三个方面，即农业美的本体论，是回答农业美是什么的问题。对于农业美学而言，农业美本质的确定，能把握美学研究存在的意义与发展方向，是农业美学区别其他学科的所在。

（2）农业审美

农业审美是农业美学的主体内容。最基本的问题是审美主体、审美客体及审美主客体之间的相互关系，而相互关系主要以审美判断来体现。审美基本问题的界定是进行其他审美研究的前提，同时也是摸索、验证农业美规则的方法与手段。农业审美属于认识论范畴，农业审美侧重于农业美的感受、农业美感理性的品味与评析。农业审美研究的范围包括农业美感产生、审美价值、审美体验、审美心理等。

（3）农业美规则

农业美规则即农业美实践的一般规律、原则与法则，是农业美学的生命力所在。农业美规则决定于农业美的本质，它的研究需要农业审美提供理论与方法，同时这部分研究直接指导农业农村建设、设计、评价、决策以及美育等活动。

（4）农业美历史

农业美历史包括农业美学史、农业审美范畴史、农业艺术史等。农业美学史一般指农业审美意识的理论形态在古代及近现代发生、发展的历史。相对美学来说，农业美学理论还未形成历史，农业美学史还很薄弱，主要研究的是农业美学思想史及传统文化中的农业美学思想等。

参考文献

陈望衡，2008. 农业的审美性质［J］. 陕西师范大学学报（哲学社会科学版）（3）：47-51.
杜雨泽，李飞，2019. 试论农业美学特征及其研究意义［J］. 艺术科技（7）：292-293.
冯红，1998. 农业美学的跋［J］. 北京农学院学报（7）：106-108.
金婷，华为，2019. 浅析开化创意农业发展成效及对策［J］. 浙江农业科学（1）：165-166.
李赣，劳承万，2007. 美学的学科形态与框架范式［J］. 文艺理论研究（4）：2-5.
肖双荣，2012. 农业景观审美价值的生成［J］. 江淮论坛（2）：2-5.
章继刚，2010. 创意农业的美学价值［J］. 农业开发研究（7）：10-17.

第三篇

乡村治理

报告 10

我国村级公共服务平台建设的实践与探索

随着经济社会的不断发展，农村出现了公共服务需求的全面快速增长与公共服务不到位、基本公共服务短缺之间的突出矛盾，增加农村公共服务供给是解决这个矛盾的根本途径。村级基本公共服务平台建设对有效提供农村公共服务、促进城乡基本公共服务均等化、健全便民服务体系，进而缓解社会矛盾、加快推进乡村振兴战略实施等具有重要意义。然而村级基本公共服务平台建设涉及众多行业和政府部门，影响农村社会、经济和生活的诸多方面，需要最大限度地实现资源合理配置，同时，也不可避免会遇到新问题和新挑战，亟须加以研究解决。本研究拟通过相关案例分析，提出科学可行的对策建议，以完善村级公共服务平台建设，使之成为乡村振兴战略实施的有力支撑。

一、村级公共服务平台建设典型范例剖析

（一）浙江诸暨："一证通办"模式

1. 基本情况

浙江省诸暨市践行"整体政府"理念，围绕"便民服务不出村，行政审批不出镇"的工作思路，不断推进"互联网+政务"工作。以镇乡两级中心标准化、规范化建设为契机，创新基层政务服务体系建设，在村级公共服务平台建设中积极推进数据归集的"一证通办"，构建互通共享的一体化机制，实现市镇村三级高速互联的共享数据"一张网"。通过"下放审批权限，整合基层窗口，畅通全域信息"，全面打通基层行政审批的"最后一公里"，积极探索"1+X"平台建设和"一窗受理，内部流转，集成服务"审批模式，打造互通

共享的农村公共服务样本。率先实现市镇村三级联动服务 100%全覆盖，2018 年，在浙江省率先提出并创建百个“一站式办理”村级便民服务示范平台，首批创建率达 94.5%，镇村两级中心年均办件量达 80 余万件，群众满意度达 99.9%。诸暨市推行的“一证通办”以大数据的思维深入推进“互联网+政务服务”，使更多事项能在网上办理，通过网上服务倒逼网下改革，加快转变政府职能，提高服务效能，为浙江省全面深化“最多跑一次”改革提供了典型示范。

2. 主要做法

（1）全面梳理服务事项，搭建“一证通办”网上服务平台

对延伸村级便民服务的事项进行了层层梳理，建立各阶段涉及的行政权力事项和公共服务事项清单，并由市级下发清单目录，各镇乡（街道）根据村级情况，选择性进驻办理事项。目前，诸暨市村级便民服务中心可办理人社、医保、民政、退役军人、卫健、残联、公安、市场监管、水务、广电 10 个部门的 198 个民生事项，其中，实现群众凭一张身份证即可办理各类行政权力事项和公共服务事项，即“一证通办”事项 76 项，非示范平台的可办理 126 项。

在全面梳理便民服务事项基础上，创新基层政务服务体系建设，构建市镇村三级高速互联的共享数据“一张网”。在率先开发建成的“一证通办”应用平台基础上，建立权力运行系统镇村事项库，所有事项实行网上统一受理、收件、流转、出件，实现相关数据、结果同步推送。通过“下放审批权限，整合基层窗口，畅通全域信息”，全面打通了基层行政审批的“最后一公里”，率先实现市镇村三级联动服务 100%全覆盖。目前，村级便民服务中心全面实现“就地受理，远程办结”，月均网上办理事项达万余件。

（2）构建部门间数据互通互享机制，推进“最多跑一次”改革

数据互联、共享是“一证通办”网上服务平台运行的重要保障，诸暨市从数据需求入手，逐一分析、整合、优化涉民行政权力事项、公共服务事项及企事业单位事项。对涉及单个部门多个科室、多个部门以及多个层级的办理事项，按照便捷、高效的原则和主要事项办理流程及所需材料，因事制宜、分类施策，实施业务流程再造、联合审批、承诺办理等措施，将部门自身数据、其他部门共享数据以及申请者自行填报数据有机整合，形成办理事项数据串。

数据供给方面，大力推进政府数字化转型，整合市级各相关部门数据仓，建立统一涉民事项数据库。从涉民事项所需数据“供、需”两方面入手研究

解决数据供给问题，以市级现有系统数据为基础，加强横向部门信息数据共享，协调对接浙江省、绍兴市相关部门，全面建成涵盖户籍、社保、优抚救助等 13 个部门数据仓，同时，以居民身份证号码为唯一索引，把 13 个部门数据仓整合到统一的数据库，建成公共数据平台，按照统一数据标准，实现数据交换、数据清洗和数据归集。制作涉及个人户籍、医疗、民政、社保、不动产和市场主体信息等相关电子证明、证照模板，建成个人电子证明目录。目前，诸暨市居民电子证件信息数据库已梳理整合教育、医疗、民政、社保、公安等 13 个部门 55 项数据资源，基本涵盖所有涉民事项。

在诸暨市政务外网搭建基础公共数据平台，并基于该平台建立统一数据标准，实现数据交换、数据归集和数据清洗，推动部门自建系统与“一窗云平台”对接，将数据以服务的方式提供给应用系统使用，进一步打破信息孤岛。探索开发“一证通办”信息管理系统，通过公共数据平台提供的数据服务，梳理个人电子证照数据目录，制作常住人口信息、流动人口信息、参保证明、城乡最低生活保障对象救助证、农村五保供养证、儿童福利证、残疾人证等电子证明模板 55 份。完成与基层治理综合信息平台对接工作，实现信息资源规范化管理。推进基础信息资源库在全市范围内共享和利用，为“最多跑一次”改革提供有力支撑。

（3）积极开展移动办事服务，提升公共服务效率

加强“一证办、移动办”改革，除传统办事大厅服务外，以打造“移动之城”为方向，积极开展移动办事服务。依托浙江政务服务 App 和正在建设的“智慧诸暨”App、诸暨政务服务微信公众号为移动服务的入口，以诸暨大数据平台为基础，结合“一证通办”共享平台集成网上审批，并提供公共交通、证明文件申请、社保、公共设施等服务，实现移动互联网与线下行政服务大厅办事一体化。借助移动互联网实现行政服务大厅的预约、引导、咨询，提升大厅服务水平，做到一次认证、多点互联、掌上通办，打造“诸暨新速度”。2018 年实现网上受理办事申请全覆盖，70%以上民生事项“一证办”，60%以上政务服务事项“掌上办”。真正让数据多跑路、群众少跑腿甚至零跑腿。

（4）加强服务队伍建设，完善培训及考评机制

加强窗口服务工作人员队伍建设，完善招录、管理、培训机制，探索实行政府购买服务的企业化管理模式。分层级开展“全科式”业务培训，重点培训业务知识、实际操作技能、文明服务礼仪等，着力打造素质过硬、业务过硬

的全能型窗口服务队伍，更好地提供优质高效、标准化、无差别的政务服务。推行“星级制”综合考评，将星级评定结果与窗口人员薪酬待遇相挂钩。

（二）江苏如皋：“党建引领”模式

1. 基本情况

2013 年，江苏省南通市农村开始推行规范的服务中心建设标准。如皋市按照每百户居民不低于 30 平方米、最低不少于 400 平方米的要求，加快推进社区综合服务中心建设，目前，全市 95% 的社区公共服务设施已全面建成达标。采取“统筹规划，分步实施，层层递进”的策略，整合民政、人社、综治、计生等社区服务功能，配套社区信息网络及设备，建成覆盖如皋市、镇、村三级的基础服务网络，为社区群众常态化开展便民利民服务，做到了“小事不出村，大事不出镇”。近年来，如皋市创新基层公共服务模式，建立了村（社区）党建标准化建设“9+X”体系，并逐步向市级机关部门、“两新”组织覆盖，形成了“围绕中心抓党建、抓好党建促发展、融入发展惠民生”的局面，培育了一批独具特色的基层党建工作品牌。“一中心三理五制”模式获评“全国群众工作典型案例”，“党员中心户联系服务党员群众长效机制”的实践做法获评“全国基层党建创新优秀案例”，依托党建工作提升基层公共服务的做法值得借鉴学习。

2. 主要做法

（1）推行“9+X”建设标准化体系，拓展为民服务功能

以“全国首批农村党建标准化试点单位”为契机，出台了《如皋市村（社区）党建标准化试点建设工作实施方案》，围绕组织设置、队伍建设、制度建设、载体建设等方面，全面推行“集中式办公、一站式服务”的阵地建设标准，建立起基层社区可遵照执行、上级部门可考核监督的“9+X”党建标准化体系，明确了社区服务设施建设的标准，优化拓展了社区为民服务职能。一是明确建设标准。如皋市立足新农村建设实际，坚持村级公共服务中心与经济社会发展水平相一致的原则，按照建筑面积不低于 400 平方米、室外活动场地达 1 000 平方米的标准，统筹推进村级公共服务中心基础设施建设，并对规划管理、建设管理、竣工备案等各环节作出明确规定。二是规范服务事项。根据“9+X”标准，将村级公共服务中心功能站室规范设置为“五室三站一厅一场一超市”，其中，“五室”包括党群议事室、多功能室、综治警务调解室、图书阅览室、资料（财务）档案室，“三站”包括人力资源和社会保障服务

站、卫生计生服务站、居家养老服务站，“一厅”包括“一站式”服务大厅，“一场”指文体活动广场，“一超市”指便民超市。加挂标牌由76个精简至15个，上墙制度由131项规范至19项，台账由73项调整为“基础资料模块+工作记录模块”，严格村级事项“准入制”。将“党团员服务、劳动保障服务、民政服务、外来人口服务管理、妇女维权、事务代理”等项目统一地点受理，建立轮岗坐班、一次性告知、首问负责、限时办结、考勤考核、分类管理、代理代办等服务“十项制度”，确保为民服务“一站式受理、一条龙服务”。三是服务职能拓展。将农资、农药、农机、畜牧等生产性服务项目和电信、邮政、储蓄、超市、养老托老等便民项目整合到100米核心服务区内，全面实现基本服务不出村。

（2）健全人才队伍建设，鼓励参与主体多元化

以“20字”好干部标准为根本遵循，努力建设一支政治过硬、能力突出、结构合理、总体稳定的村级党组织干部队伍。一是组建“一综多专”服务引领型队伍。以村（社区）干部和大学生村干部为主体，组成综合协调服务大队，出台《关于加强如皋市社会工作专业人才队伍建设的意见》，建立起社工人才激励机制，引导城乡社区成立了“法治阳光驿站”“社区灌溉协会”“四点半学堂”“综合服务站”等社区社会组织963家，整合基层社保员、卫生室人员、专业社工、“四位一体”管护队员等专业力量，建立政策宣传、综治维稳、医疗卫生、文体活动、法律援助、邻里照料等专业服务引领队伍，全市已组建12类2 206支7 411人的基层服务队伍，常态化开展扶贫济困、扶老助残、助医助学、维权调解等各类志愿服务活动，形成了以党组织为核心、全社会共同参与的党员服务群众大格局。二是健全激励保障措施。定期组织开展教育培训，创新开展“村（社区）书记大讲坛”活动，让优秀村书记定期同台竞技、比学赶超。建立村干部报酬待遇稳定增长机制，实现村干部报酬与城乡居民收入同步增长。每年拿出部分公务员、事业单位岗位定向招录村（社区）党组织书记及基层服务达到一定年限的村干部，激发全市村（社区）干部和服务人员的积极性。

（3）强化资金保障，提高运行管护资金保障水平

为保障农村公共服务平台的运行维护，研究出台了《关于进一步清理规范村级台账资料和公共服务中心站室功能的实施意见》《关于进一步提升规范和提升村（居）公共服务中心建设的意见》等文件，建立健全财政投入、专项经费、社会资金等多渠道投入机制，加大基层组织运转经费、活动阵地、基

层干部报酬和服务群众专项经费等保障力度。2013—2017年，如皋市财政共计下拨651万元，其中2017年财政经费、党费共计153万元。村级运转经费保障标准不低于30万元。同时，对农村公共服务加大考核力度，考核结果作为“基本实现现代化示范村（居）”“四有一责”示范村、“双强”型村（居）党组织书记标兵、奖补资金兑付等重要考核依据。对全市农村公共服务运行维护建设考核前60名的村（居）给予10万~15万元的奖励，奖励资金全部用于村级公共服务运行维护建设。

（三）广东江门：“一窗受理”模式

1. 基本情况

2015年，广东省江门市印发《关于在全市推广“邑门式”行政服务改革的工作意见》，围绕“政府提效，服务提质”，在全市范围内推进带有自身特色的“邑门式”政务服务改革。2016年11月，江门市“邑门式”服务全面实施，在对原有的市级行政服务中心和7个县级行政服务中心优化升级的基础上，再建成覆盖全市所有镇（街）的74个“邑门式”公共服务中心，并逐步将“邑门式”事项延伸到村（社区），建成覆盖全市村（社区）的1 325个“邑门式”公共服务站。目前，江门市已构建起“1+7+74+1325”全覆盖的四级服务平台架构。其中，“1+7”市、县两级行政服务中心提供以面向法人为主的服务事项，称为“法人邑门式”；“74+1325”镇、村两级公共服务中心（站）提供以面向自然人为主的便民服务事项，称为“自然人邑门式”。已有27个部门的工作下沉到农村社区，试点村可办理涉及公安、民政、社保、计生、城管等15个部门共300多项服务事项。通过改革，“多门”向“一门”集中，提升了各个职能部门的办事效率，实现了“全市通办”“一窗多能”“多证合一”的改革创新，创造出了全国领先的行政服务改革“江门经验”。

2. 主要做法

（1）强化资源整合，打破行政界限和数据孤岛

“邑门式”综合服务平台强调以建设统一服务平台为核心，解决服务基层“最后一公里”问题，由江门市委市政府全面统筹，强化顶层设计，加强人财物和信息化支撑等保障，整合了16个平台功能，由市发展改革委牵头，工商、民政、国税、地税、质监、人社、公安、行政中心、经信、财政等部门通力合作、协同推进平台建设。

“邑门式”系统是依托江门市网上办事大厅建设的综合系统，与网上办事

大厅服务高度融合，作为连接各市（区）“线上办事大厅”和各市（区）、各镇（街）、村（社区）“线下服务大厅”的信息化管理端，为线上线下一体化提供技术和平台支撑。通过整合全市行政资源，打破行政界限和数据孤岛，跨越区域、层级、部门限制，把群众在网上大厅和实体大厅线上线下申办的业务数据统一通过“邑门式”公共综合服务平台管理，横向与人力资源和社会保障、工商、城乡规划等部门的业务系统进行对接，纵向与省网办事大厅进行联通。优化审批流程，简化文书规范，通过“一窗受理、内部流转、同步审核、信息互认、多证合一”模式，打破原来多部门串联式审批模式，实现“多头受理”向“一窗办理”转变，从“多套申请材料”向“一套表格材料”转变。

（2）促进服务标准化，提高办事效率和服务水平

“邑门式”综合服务平台，以统一标准、统一规范为指导，制定统一的“邑家园”社会服务目录清单，共梳理4 087项行政审批事项、市本级公共服务事项232项、镇级公共服务事项2 043项、村级公共服务事项390项。从受理范围、设立依据、申请材料、办理时限、办理收费、办理流程等15个方面对事项作标准化处理后统一配置到系统中，实施动态管理。达到“八个统一”，即统一名称和标识、统一管理体制、统一服务场所、统一工作制度和流程、统一工作内容、统一信息化管理标准、统一网络平台、统一EMS① 文件证照资料流转服务。目前，江门市各级服务大厅安装了统一的VI② 形象标志，并将VI设计应用到服务大厅内部设施，提高辨识度。各公共服务中心办事大厅还在显著位置摆放各服务窗口办事指南，各服务窗口每个席位前公示进驻部门、服务范围和工作人员身份信息等。统筹全市由邮政速递提供文件证照资料流转服务，实行统一派揽、统一包装、统一价格、统一服务。

服务内容方面，各进驻“邑门式”服务中心的职能部门不再单独设立业务服务窗口，设置可一窗受理卫计、民政、国土、社保、残联、供电等业务的多个综合窗口，同时，结合本地文化与产业特色实际，开设“特色窗口”。目前，村级“邑门式”服务平台可实现“8+X”服务，包括政府公共服务、生育服务、养老服务、社会服务、扶贫服务以及退役军人服务、困境儿童服务、社会组织培育、侨务管理等特色服务。

---

① EMS是邮政特快专递服务。

② VI指企业的视觉识别系统。

服务流程方面，“邑门式”通过“互联网+”的手段，让政务服务资源得到更科学的利用。首先是通过“一网审批”，凭借全市统一的“邑门式”公共服务管理平台办理业务，实现全市各级政府部门间资源整合和信息互通，减少各市（区）的重复投入建设，节约行政成本，逐步将数据统一归集、整合沉淀、实时分析，为社会治理、领导决策提供数据支撑。“邑门式”通过统一效能监管机制，使行政服务运行更透明规范。改革全面加强了行政服务运行的监督和制约，形成了前台受理、后台审批和服务流程“三个标准化”，实现了审批全过程公开、电子化留痕、超时预警、绩效监察可追可溯。

（3）推进“三社联动”服务模式，提升基层公共服务能力

大力培育发展社区服务类、社会工作类社会组织，先后出台了《关于进一步加强和改进我市社会组织登记管理工作的通知》《培育和发展社会组织实施方案》文件，进一步降低社会组织尤其是社区社会组织、社工机构的登记准入条件，促进社区社会组织和社工机构的快速发展。同时，出台《关于推进社会工作人才队伍建设的实施意见》《江门市社会工作专业岗位设置及社会工作专业人员薪酬待遇试行办法》等文件，做好社工人才队伍建设顶层设计。通过相继出台一系列配套文件，江门市积极推动以社区为平台、社会组织为载体、社会工作人才为支撑的“三社（社区、社组、社工）联动”服务模式，形成了较为完善的社会组织发展环境。目前，江门市登记成立社会组织3 654家，其中，社工机构82家、社区社会组织779家、其他类型2 793家。

在探索“三社联动”的过程中，江门市以党建、群建、社建为抓手，积极探索社区自治工作机制，以社区党建联席会议为抓手，带动发展居民民主听证会、社区民主论坛等社区治理平台，引导各方参与社区治理。各社区以党建联席会议为平台，聘任驻社区单位为联席会议理事成员，积极开展群体共建、资源共享。促进“三社”参与“邑门式”服务，在农村开展试点建设工作，满足农村社区群众的社会服务需求。建立义工驿站，推进党员义工属地化，让党员义工成为支撑“邑门式”平台的主要生力军。同时，开展了“养老·助残”“拥抱社区幸福江门”等公益创投活动，通过向社会组织购买服务，建立“社工义工”联动机制，协助村（居）委会组建各类社会服务队伍。结合精准扶贫、养老助残、社区网格化管理试点、公益创投项目、公共服务站建设、社区教育服务等，开展社会服务。

二、经验与启示

（一）实体与载体联动建设，推进城乡一体化布局

诸暨、如皋、江门等地均单独设立了具有执行功能的代理机构来为农村居民提供公共服务，由此可见，实体农村公共服务中心（站）已经成为当前我国提供村级公共服务的主要阵地。但是，单纯的实体建设还不能满足农村居民日益复杂的公共服务需求。而在“互联网+”时代，可依靠网络整合各行政部口间的服务项目，打破部门间的障碍，实现信息资源的共享交互，做到办事不出村。例如，诸暨市在建立村级便民服务站的同时，实现市、镇、村三级高速互联的共享数据“一张网”，创建村级便民服务示范平台。江门市推进“邑门式”综合服务平台与“邑家园”综合服务中心建设联动，将行政服务和社会服务有机结合，实现“办事就在家门口”。因此，农村公共服务平台建设应既包括农村公共服务中心（站）这种实体机构建设，也包括公共服务系统这种虚拟网络载体建设。通过市镇村一体的信息平台建设，将行政服务与农村公共服务平台提供的社会服务有机结合，实现农村公共服务的延伸与拓展。

（二）政府与社会广泛参与，提升服务专业化水平

从各地的实践看，农村公共服务平台的建立需要建立以政府为主导的多元参与格局。一方面，通过颁布一系列政策规划完善农村公共服务中心建设标准，奠定制度保障，科学界定服务平台的服务内容，进而明确各级政府在公共服务平台建设中的权责。根据服务内容，划定各级参与主体的责任，梳理业务流程，在政务流程再造的基础上，借助互联网手段形成完备的政务流程运转体系，促进政府部门间互联互通，实现政务信息资源共享。另一方面，积极引导社会组织、居民参与公共服务中心建设，发展“三社”联动，并注重发展志愿服务队伍，利用自身的力量共同参与农村公共服务的供给，形成多元主体参与的互动格局。同时，在多元参与格局的基础上，农村公共服务平台应加大对农村服务人员的培训力度，增加对教育培训的财政支持，并通过建立技术职称评定系统，激励服务人员主动参与各类学历教育、技能鉴定、技术认定等知识与技能培训，加强农村服务队伍的专业性与可靠性。注重农村社区社会工作者的培养，对于一些专业性较强的服务内容，如医疗卫生、土地管理、法律咨询

等工作，交给专业组织来做，增加农村公共服务总量，提升公共服务质量。

（三）监督与考核有机结合，引导中心规范化运行

农村公共服务平台作为一种公共服务执行机构，拥有大量的自由裁量权，特别是行政审批和行政收费这两个与政府、企业、公众关系密切且利益相关的环节，其建设是一项投资大、风险高的系统工程，需要建立立体监督机制，进行绩效评估，以保障其有效实施和可持续发展。一方面，要通过完善制度建设，建立内部和外部协调配合的多元化监督主体。例如，江苏如皋市在村级公共服务中心建立了轮岗坐班、一次性告知、首问负责、限时办结、考勤考核、分类管理、代理代办等“十项制度”，并与绩效考核挂钩。另一方面，在制度监督的基础上，还应该挖掘和利用技术监督的潜力，进而形成制度与技术合力监督的创新机制。电子政务系统在加强监督与考核方面具有重要潜力，可借助其程序刚性化、流程节点化、运行实时化的特点，严格规制权力运作，有效评估多元绩效，广泛搜集网上舆情。例如，广东江门市在通过全市统一的“邑门式”公共服务管理平台办理业务过程中，利用大数据技术，逐步将数据统一归集、整合沉淀、实时分析，实现了审批全过程公开、电子化留痕、超时预警、绩效监察可追可溯，为社会治理、领导决策提供数据支撑。因此，可借助公共服务平台系统在目标约束、过程规范方面的“刚性化”优势，更好地保障公众的知情权和监督权。

（四）财政与金融多元投入，保障平台可持续发展

农村公共服务平台的运行离不开资金的支持，资金是否到位直接决定了农村公共服务平台建设以及服务项目能否落实到位。从服务平台的前期建设，到实施运营，再到后期维护升级，整个过程都需要充足的资金投入和完善的制度保障，而实行积极的财政政策和拓宽资金来源是农村公共服务平台健康运行的重要保证。除此之外，服务中心积极拓展资金来源，采取自筹一点、向上争取一点和募捐一点的办法，吸引多元主体加入，形成了政府、企业、个人多位一体的筹资机制，参与服务中心的建设与运行。广东江门市也积极通过政府购买服务方式吸引社会资金投入公共服务事业，开展了两届“养老·助残”公益创投活动，实施创投项目57个，通过政府投入资产1.1亿元、资金2 225万元，吸引社会投资逾1 800万元，接受社会捐赠近200万元。26家本地社工机构获选承接50个项目，蓬江区也被评为首批全国社会工作服务标准化建设示

范地区。

当前，我国的农村公共服务平台的建设与运营大多依靠政府财政拨款，单一的资金来源容易使农村公共服务平台面临运转困难的难题。因此，要借鉴各地的有益经验，一方面，加大对农村公共服务平台的投资力度，重视农村基层公共服务的发展。通过完善农村基础设施建设，加强教育、医疗卫生、通信等服务的投入，丰富农村公共服务平台的功能。另一方面，要创新政府主导、社会参与的基本公共服务供给模式。在坚持政府负责的前提下，充分发挥市场机制作用，在公共服务领域积极推广社会购买服务，以财政杠杆撬动社会投资，积极推动基本公共服务投入主体和供给方式的多元化。研究出台社会办医、办学、举办公共文化设施建设等有关规划政策，加大政策扶持力度，对社会办医、办学、养老等予以财政补贴，在用地储备、资金保障、政策配套等方面为社会办机构发展预留空间，鼓励引导社会力量以多种形式参与服务供给。

参考文献

蔡勇志，2008. 推进“六大员”队伍建设构建农村公共服务平台［J］. 台湾农业探索（4）：86-89.

陈有方，孙国贵，汤成国，2013. 发展村级集体经济建设农村基本公共服务平台［J］. 江苏农村经济（8）：29-32.

方堃，2010. 当代中国新型农村公共服务体系研究［M］. 北京：中国社会科学出版社.

林万龙，2003. 中国农村社区公共产品供给制度变迁研究［M］. 北京：中国财政经济出版社.

孙晓莉，2007. 中外公共服务体制比较［M］. 北京：国家行政学院出版社.

王威，2015. 统筹建设农村综合服务平台增强农村社会治理能力［J］. 社会治理（5）：124-127.

张晗，2014. 新农村建设中的公共服务需求与发展对策——基于对河南省新农村（社区）的调查［J］. 农业经济（7）：65-66.

张英洪，等，2014. 北京市城乡基本公共服务问题研究［M］. 北京：社会科学文献出版社.

报告 11

桐乡市“三治”融合发展的经验与启示

浙江省桐乡市地处沪杭中间，经济发达，人口密度大，外来人口多，经济快速发展的同时也为社会治理带来了更大的考验。为实现基层社会治理的多赢，桐乡自 2013 年起以高桥街道为试点，探索自治、法治、德治“三治融合”的乡村治理之路。桐乡市在“三治融合”的实践探索中，突出党建引领，推动政府、社会组织、群众等治理主体多方共治，发挥“一约两会三团”的协同作用，形成了“大事一起干、好坏大家判、事事有人管”的乡村治理新格局。桐乡市的“三治融合”实践，充分体现了自治、法治、德治综合运用、协同发力所产生的乘数效应，政府在依法行政、普法教育、崇文尚德和提升基层自治组织自转能力上持续用力，社会组织在培育扶持、放大作用上精准发力，群众在职能归位、活力提升上有效助力，“三治融合”真正激活了各个主体的活力，长期困扰基层的一些难点工作和社会治理问题得到了有效解决，群众的安全感、幸福感、满意度也有了明显提升。如今，桐乡治理经验的“树木”正成长为“森林”，有望为更多地区的社会治理提供可复制的经验样板。

一、桐乡市“三治融合”基层治理体系建设的发展过程

以“自治、法治、德治”为核心的“桐乡经验”发源于浙江省桐乡市高桥街道越丰村。2013 年，高桥街道正逢“大征迁、大开发、大建设、大发展”的发展阶段，越丰村所在位置正好是桐乡市高铁站所在地，村内社会矛盾、纠纷较为集中。为创新基层社会管理体制，桐乡市紧紧围绕“改革走在前列、

发展绩效突出、社会管理一流、人民群众满意”的目标，立足建设基础更牢、水平更高、人民群众更满意的平安桐乡，在越丰村率先探索推进“法治、德治、自治”三治合一的基层社会治理模式，建立依法行政、公正司法、全民守法的法治建设体系，强化以规立德、以文养德、以评促德的德治建设体系，完善基层民主、群众参与、社会协同的自治建设体系，倡导“大事一起干、好坏大家判、事事有人管”的良好社会风气，形成了具有时代特征、桐乡特色的“法治、德治、自治”建设。

（一）“三治融合”发展的初期形式

在最初的试点工作中，“三治融合”以百姓参政团、百事服务团、道德评判团“三团”为载体，将“自治、法治、德治”的理念与方法融入乡村治理工作中。其中，百姓参政团是高桥镇在镇级层面设立的协助政府处理基层社会事务、供百姓进行民主协商决策的平台。在此基础上，越丰村在村级层面上又组建了百姓议事会，一个专门针对村级层面的社会事务、供村民进行民主协商决策的平台。百事服务团通过整合村庄志愿者、红色义工服务队伍和专业技术服务队伍的资源，帮助村民解决村级一站式服务大厅所不能解决的问题，包括村庄民生服务与法律服务等。道德评判团是“三治融合”试点中配合德治建设的平台，它通过推荐德高望重和有公信力的村民介入本村社会事务，来整治村庄不道德不文明现象，调解村庄社会矛盾。“三团”为越丰村的三治融合工作搭建了一个多元主体协商共治的平台。

（二）“三治融合”的探索与创新

1. “三治融合”服务载体的丰富与拓展

党的十九大之后，桐乡市“三治融合”的载体由“三团”创新发展为“一约两会三团”，在社区和村级层面共同推广，成为桐乡市三治融合建设的重要抓手（图3-1）。其中，“一约”是指村规民约，让村民参与制定、参与监督，以“村言村语”规范行为、传播文明新风。“两会”是指百姓议事会和乡贤参事会。现有的百姓议事会是将十九大之前的百姓参政团和百姓议事会两者的职能合并，调整为专门针对村级层面重大事项、供村民进行民主协商决策的平台。乡贤参事会是在当地民政局备案成立的基层社会组织，会员由本地乡贤、外地本村籍乡贤和新居民乡贤组成，其主要职责在于参与农村经济社会建设，提供决策咨询、民情反馈、监督评议和开展帮扶互助服务。“三团”是指百事服务团、法律

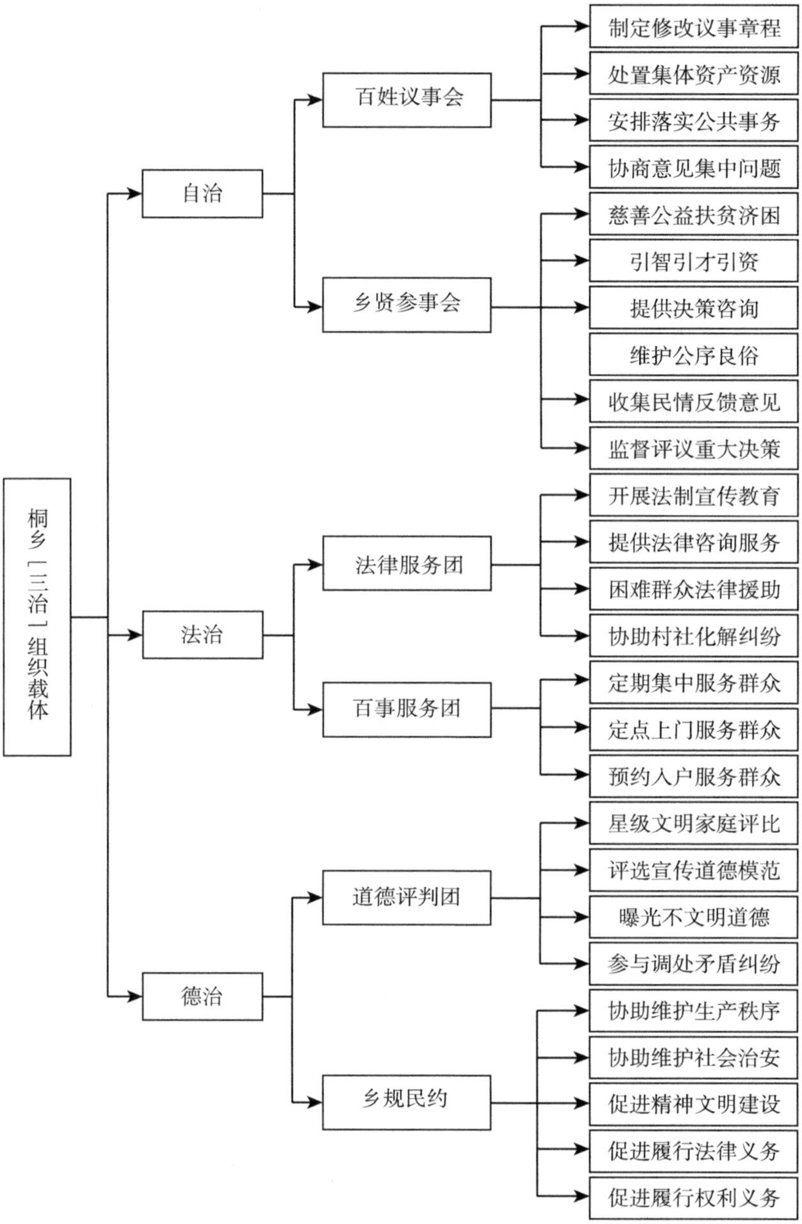

图 3-1　桐乡“三治”组织载体

服务团和道德评判团，实现村里事情“大事一起干”、邻里矛盾“好坏大家判”、村民困难“事事有人管”。2018 年，桐乡市继续深化“一约两会三团”工作，针对“一约两会三团”的功能定位、职责任务、工作要求与组织架构、责任单位等基本框架作出具体规定，提出“‘一约两会三团’+X”全覆盖的建设任务与实施步骤；村社在“一约两会三团”的基础上，根据实际和自治主体要求，组建类似乌镇管家、新居民协会、企业主社会责任促进会等基层社会组织作为补充，不断挖掘“一约两会三团”在促进文明和谐风尚、营造良好法治环境、拓宽社会服务渠道等方面的积极作用，提升基层社会治理水平。

2. 三治融合服务方式的发展与创新

坚持“党建+治理”，有效监督，强化党建统领。巩固网格党建，充分发挥基层党组织和网格党支部的战斗堡垒作用和党员的先锋模范作用，健全网格工作站和党员先锋站“双站合一”模式，落实主题党日、民情议事、党员联户、结对帮困等制度，切实发挥党员在基层治理中的示范引领作用。强化小微权力监督，为基层党风廉政建设提供示范样板。全面结合善治村与三治融合示范村的考核评价标准，建设善治示范村，维护村级稳定、改善百姓福利、优化人居环境。探索道德评判团、法律服务团“双评机制”助推“三治信农贷”，深化金融惠农行动。

坚持“人本+治理”，拓展领域，扩大社会参与。加强三社联动，镇（街道）孵化服务平台全覆盖、打造品牌社会组织、加快社工队伍建设“三驾齐驱”，深入推进城乡社区治理创新。探索三治拓展，以工会为载体，在各行各业中分别培育“内治理”示范典型，实现三治融合纵向到网格、横向到岗位的全领域探索实践。倡导移风易俗，完善建章立制、主体承诺、示范创建、宣传引导等举措，开展好道德评议，开设“红黑榜”“曝光栏”，培育文明乡风、良好家风、淳朴民风，形成移风易俗长效机制。

坚持“问题+治理”，预防为主，注重工作实效。抓好新居民融合提升，注重发挥新居民党员、新居民自治组织等作用，倡导新居民自我管理、自我服务、自我教育。保持出租房整治长效，重点实施出租房屋“旅馆式”常态管理，由出租房集聚区向分散点延伸，形成长效管理机制。开展精准普法，抓住新居民和青少年两大重点群体，以案说法、现身说法，多形式、多载体加强青少年和新二代的教育管理。确保调解有效，加强诉调、访调、警调对接，梳理极易转化为刑事案件的矛盾纠纷，开展专业化调处工作，推动在线矛盾纠纷多元化解平台建设，提高网上化解率。

坚持“数字+治理”，创新机制，发挥示范作用。全面探索“一网双联”，构建全科网格、联动指挥、联合执法体系，发挥数据采集综合分析处置网络优势、扁平化指挥研判会商系统优势，开展常态化联合执法和应急处置协调，通过移交办理、巡查办理、联合办理、巡办分离、办理反馈，及时有效处置各类案（事）件。全面实施智安建设，结合“数字桐乡”建设，查漏补缺推进“雪亮工程”，探索智慧安防小区、智慧村（社区）、智慧镇（街道）建设，提升智慧治理水平。

（三）“三治融合”发展的长效机制建设

桐乡市把“三治”建设作为推进县域社会治理体系和治理能力现代化的重要切入点和着力点，以共治共享为核心，以科学的机制设计、刚性的制度规定、严格的执行落实为关键，通过持之以恒、久久为功的共同努力，推动形成科学规范、系统完备、长效管用的制度体系和运行机制，以制度促进工作、以机制保持效果，提升基层社会治理水平，促进“三治”建设步入规范化、制度化、常态化、长效化轨道，构建既充满活力又和谐有序的社会发展环境。

1. 法治建设长效机制

建立依法行政指数评估与发布机制，完善依法行政评估体系，将行政执法部门和镇（街道）的具体行政行为量化赋分为考核指标，同时强化考评结果的运用，切实提高政府部门依法行政能力。建立科学民主的行政决策机制，扎实推进政府依法决策，建立完善调查研究、公众参与、行政听证、专家论证、风险评估、合法性审查、集体讨论决定、监督制约、责任倒查等民主决策制度和程序，提升行政决策的科学性。构建开放、动态、透明、便民的阳光司法机制，推进审判公开、检务公开、警务公开，提高司法透明度和公信力。建立过硬政法队伍建设机制，打造一支信念坚定、执法为民、敢于担当、清正廉洁的过硬政法队伍。建立普法宣传教育长效机制，进一步健全政府主导与社会力量参与相结合的社会普法教育工作机制。建立矛盾纠纷多元化解机制，建立健全以市、镇（街道）、村（社区）三级调解平台和行业性、专业性调解组织为核心的大调解工作网络，完善人民调解、行政调解、司法调解联动工作体系，不断推进矛盾纠纷化解责任主体多元化、对接渠道多元化、资源整合多元化和保障机制多元化。建立公共法律服务供给长效机制，以三级法律服务团建设为重点，全面推进法律顾问制度，有效构建覆盖城乡、惠及全民的基本公共法律服务体系，努力提升公共法律服务水平。

2. 德治建设长效机制

建立道德模范激励关爱长效机制，努力营造学习典型、争当典型、关爱典型的浓厚氛围，集聚全社会崇德向善的正能量，培育和践行社会主义核心价值观。建立道德实践教育机制，依托各项阵地建设，充分展示优秀道德文化、乡风民俗和先进人物事迹，培育公民崇德向善、积极向上的良好风尚。建立家庭建设动态评创机制，推进以星级家庭创建为主的各类特色家庭创建活动，进一步弘扬和传承传统优秀家风，大力推进家庭道德建设。健全道德评议机制，以法律法规、社会公德和村规民约、社区公约为准则，有效发挥道德评议和社会舆论的力量来革除陋习，促进文明和谐社会风尚的形成。建立文化育人机制，以弘扬社会主义核心价值观为重点，整合利用各类公共文体资源，组织开展内容丰富、形式多样、寓教于乐的群众性文体活动，繁荣群众精神文化生活，提升群众文明素质。

3. 自治建设长效机制

建立城乡社区工作事项准入机制，坚持“权随责走、费随事转”的原则，积极推进基层群众组织职能归位，进一步激发村（社区）自治活力，促进政府行政管理和社会自我调节、居民自治管理的良性互动。完善城乡社区社会服务管理机制，以全面修订村规民约、社区公约为重点，以基层社会服务管理工作信息化建设为手段，全面深化“网格化管理、组团式服务”，切实提升城乡社区治理能力。建立基层协商民主机制，按照协商于民、协商为民的要求，进一步规范基层协商民主的内容、主体、形式和基本程序，不断推进基层协商民主广泛、多层、制度化发展。完善社情民意联络机制，建立健全以党员、“三小组长”等为主体的社情民意联络员队伍，完善社情民意沟通网络，拓宽和畅通社情民意表达渠道，着力提高社情民意的收集处理能力。完善社会组织培育发展机制，坚持从政策、资金、项目、场地、人员等各方面支持和鼓励各类社会组织发展，完善政府购买服务制度，积极引导社会组织参与社会治理，大力提高社会组织承接政府转移职能、拓展公共服务的能力。形成志愿服务常态化运作机制，推进志愿服务“统一领导机构、统一服务标识、统一例会制度、统一协调运作、统一评价管理”，切实提升志愿服务整体水平。

二、“三治融合‘桐乡经验’”的主要做法

桐乡“三治融合”实践根植于经济社会发展需求，强调对融合理念的理解，突出群众主体地位，坚持问题导向，创新实践载体，推动形成共建共治共享基层社会治理新格局。

（一）强调对“融合”思维的贯通和治理资源的整合

首先，在治理规则方面，“三治融合‘桐乡经验’”既注重对“自治、法治、德治”三种治理规则的综合运用，又根据具体的情境对这三种治理规则有所侧重地运用，通过融合变通实现乡村治理的效率最大化。其次，在治理主体方面，“共建共治共享”始终是“三治融合‘桐乡经验’”运作过程中的宗旨，特别是党的十九大之后，更多的治理主体被纳入乡村治理范畴，从政府、社会组织到党员、普通村民，再到户口在外地的本村籍乡贤与户口在本地的外地新居民等尽量多的主体都被吸纳进入三治融合建设队伍。最后，在治理资源方面，对互联网的拓展运用也是这项经验的亮点，通过线上线下的联动机制，实现“三治融合‘桐乡经验’”的智慧化提升，如“乌镇管家”就是将互联网融入“三治融合”发展的典型案例。“三治融合‘桐乡经验’”重视政府治理与社会自治的结合及政府决策与社会民意的对接，促进了基层政府简政放权的发展，为基层政府与乡村社会建立了一种新的关系。

（二）探索形成与礼法相容的德治机制

桐乡市致力于打造新的德治文化，通过建载体以评立德、建阵地以文养德、立乡规民约和家规家训以规促德。以评立德，按照引导有方向、评判有标准、学习有榜样的要求，建立市、镇、村三级道德评议组织，成立道德法庭、道德基金，健全完善道德模范先进典型的评选表彰、学习宣传机制，以道德评议和社会舆论的力量革除陋习、促进民风。以文养德，利用道德讲堂、德孝主题公园、文化礼堂等载体，广泛开展社会主义核心价值观宣传教育、德孝主题文化活动和社会诚信体系建设，引导人们讲道德、遵道德、守道德，加快构筑全市人民共同的精神家园。以规促德，系统梳理和修改完善有关规章制度和行为准则，指导修订村规民约、居民公约、行业守则、职业规范，切实规范人民群众的日常行为。

（三）依法行政为“三治融合”提供强有力的保障

规范政府依法行政，推进镇村基层的民主法治。2013年桐乡市出台《依法行政指数评估办法（试行）》，在浙江省率先创立“依法行政指数”。指标体系分为三级，一级指标从制度引领、决策周全、执法规范、监督有效、保障有力、和谐行政、廉洁从政七大领域提出规范性要求，二、三级指标是对一级指标的细化、量化，共包含45个具体量化指标。完善规范性文件、重大决策合法性审查机制，做到重大决策社会稳定风险评估“应评尽评”。

健全普法守法新机制，深入推进民主法治村建设。民主法治村建设被视为桐乡市“三治融合”创新的基础。2004年桐乡市委组织部等多部门联合下发了《关于进一步加强农村基层民主法治建设》的文件，对全市民主法治村建设做出具体部署，从前期规划、中期培育到后期督查，融入三治元素。

成立市、镇、村三级法律服务团，健全法律服务新机制。桐乡市引入专业的法律服务团，为村民提供法律服务咨询和矛盾纠纷化解；通过购买服务的方式变被动为主动，由专业法律人员为困难弱势群体维权，开展法治宣传教育，提高村民运用法律的能力和水平，将纠纷苗头控制在萌芽阶段。目前，桐乡市组建了100多个市、镇、村三级法律服务团，其中村级法律服务团80个，形成惠及全民的基本公共法律服务体系，厚植法治社会建设的组织基础；每个服务团由律师、公、检、法以及其他法律工作者组成，平均服务2~3个村（社区），重点加强基层法治宣传、法律服务，在具体法律事务中引导村民自觉把法律作为自身行为规范。

（四）明确自治边界，激发自治活力

“三治融合”的核心在于自治，乡村自治组织发挥作用的前置性条件是划分村民自治和国家权力的界限。村委会是乡镇政府职能的重要承接者，权力范围不清导致其不堪重负。2014年桐乡市委办出台《城乡社区工作事项准入实施意见》，以“权随责走、费随事转”为主要原则，以法律、法规、规章为依据，列出“依法履行职责”（36项）和“协助政府工作”（40项）两大类的准入事项，划清自治与行政的权责边界，配套资金保障，规范准入程序，完善监督考评。通过制度化手段，保障村“两委”依法履行自治职责，避免村“两委”的过度“行政化”。桐乡拓宽乡村自治的空间，梳理了基层自治组织的权责，在实践探索中归纳总结了村民自治的九项事项：管理集体土地、资产，发展农村经济、维护村民的合法权利和利益，办理本地区公共事务和公益事业，宣传法律、法规和国家政策，发展文化教育、普及科技知识，调解民间纠纷，保护和改善生态环境，组织召开村民会议并向村民会议报告工作，督促村民遵守村民自治章程、村规民约，以及其他公益事项。

桐乡市在自治实践中注重激活和调动社会各方面的积极性，拓宽公众参与渠道，为基层实现自我管理、自我服务、自我教育、自我监督提供坚实的群众

基础。一是以基层自治组织职能归位为重点推进社区自治，二是以网格化管理、组团式服务为重点推进网格“微自治”，三是以培育发展社会组织为重点推进社会协同治理。村级自治组织有效承接政府公共服务职能，在治理末端理顺政府、社会和市场的关系，通过为村庄“减负”和“培育载体”，释放大量自治空间。通过优化社区、社会组织、社会人才“三社”联动，围绕社区公共事务服务、供需对接等方面，激活社会治理多元主体的内在动力。通过培育新居民自治组织和多元主体参与的行业自治组织，积极探索基层治理精细化路径。民众对公共事务的广泛参与推动了基层治理工作，减少了事务纠纷，提升了社会治理效力，在涉及村集体资源配置、村庄发展规划、村庄治安稳定等“大事”方面发挥了明显作用。

三、“三治融合‘桐乡经验’”的启示

“三治融合‘桐乡经验’”作为乡村治理现代化转型的成功案例，通过将中国传统文化中的治理资源与现代文明巧妙对接，完成了从社会管理到社会治理的转变，为基层政府与乡村社会建立了一种新型关系，为我国“三治”相结合的乡村治理体系建设提供了制度蓝本，为乡村振兴和法治社会建设提供了有益的思路。深入分析桐乡市“三治融合”的系统性措施，能为其他地区实现乡村治理创新提供许多有益的启示。

（一）立足基层基础，形成自下而上的“三治融合”行动自觉

“三治融合”能否真正落实，最终的落脚点在基层群众能否真正认知并主动参与。首先，需要加强宣传引导，提高基层干部群众的认知水平。加强针对不同对象要进行个性化的宣传和针对“三治融合”的成果宣传，切实让群众感受到村（社区）的变化，从而增强参与感、获得感；“百姓议事会”“乡贤参事会”要真正发挥作用，让群众参与到村（社区）事务管理，提高乡村治理凝聚力。其次，需要全面优化治理环境。进一步推进基层民主制度的落实，不断强化基层自治功能；完善村社事务民主议事决策机制，推进基层事务民主协商制度化、规范化和程序化，切实发挥村规民约、社区公约的作用；积极推进专项公约、小组公约、小区公约等修订工作，进一步增强基层社会发展活力。最后，需要高度重视中坚力量的桥梁作用。加快社会组织（培育）服务中心建设，进一步优化“三社联动”平台；进一步培育壮大社会组织，重点

培育发展枢纽型、支持型、服务型城乡社区社会组织（社工机构）及公益慈善类、专业调处类、生活服务类社会组织；大力扶持群众活动团体，引导社会组织和其他专业社工机构在城乡社区开展专业服务，切实增强村民自我服务能力。

（二）坚持党建引领，健全务实管用的“三治融合”制度保障

围绕“党委领导、政府负责、社会协同、公众参与、法治保障”的治理要求，注重发挥好基层党组织的战斗堡垒作用和村党支部书记的“领头雁”作用，推进乡村治理由“为民做主”向“由民做主”“与民共治”转变。在治理模式、运转机制、基本保障等方面不断完善制度体系，确保“三治融合”各项工作常态、长效推进。

首先，建立融合机制。地方的“三治融合”实践要明确列举基层群众自治组织管理事项，可通过《中华人民共和国村民委员会组织法》进一步明确划分基层政府和乡村自治组织的事权，使两者形成有益互补。其次，完善保障机制。健全基层治理人才队伍建设保障机制，聚合各类人才资源，夯实基层治理力量；健全财政投入保障机制，建立乡村党组织工作经费和服务群众专项经费正常增长机制，建立融合发展激励机制，确保基层组织稳定运行、充满活力。最后，激活村规民约的认可机制。村规民约为村民提供了完整的行为规范，规定村民的“权利”和“义务”，捍卫乡村生活的伦理道德，也能在乡村范围内发挥定分止争、解决矛盾的作用，属于法秩序的重要组成部分，往往比国家法更能发挥治理效能。但是，当前大部分乡规民约处于效力的“灰色地带”，这就需要法律明确备案审查的部门、权限、程序、内容、形式和效力，为乡村自治划定法律红线，切实发挥效用。

（三）坚持问题导向，鼓励基层融合创新

聚焦百姓关注的村务公开、农村集体资产管理、婚姻家庭和邻里纠纷调解、村庄环境整治等问题，建立“需求库”与“供给库”，提升村民的支持率和参与度。探索实施“村民知情大会”制度，从村务公开到财务公开，从惠农政策落实到产业扶贫项目开发，征求村民意见建议，提升村民参与村级事务的积极性、主动性，推进决策的民主化和科学化。提高农村基层组织保障水平、服务质量，健全管理服务机制、奖惩机制，着力破解基层党组织弱化、虚化、边缘化问题，切实解决村、社区干部责任与待遇不对等、服务能力不强、

干好干坏一个样等问题。鼓励开展“三治融合”服务载体、服务内容、服务形式等多重创新，不断提升“三治”参与度、深入度、融合度，增强“三治”基层治理的实际效果。

（四）创新智慧治理，拓展适应形势的“三治融合”发展空间

智慧治理，即坚持以人为本，实现社会治理从复杂到精简、从模糊到精准、由传统到智慧的转变，本质上与“三治融合”的理念是相通的，能有效促进“三治融合”的落地实施和功能拓展。要以党建为引领，运用“三治融合”的理念、城乡统筹的视野、智慧化的手段，持续深化“网格化管理、组团式服务”，加快全域“一张网”体系建设。一是突出共享共治，做大做强智慧平台，形成多系统整合共享、联网应用的信息化建设体系，在更大范围、更宽领域推进社会治理信息化。二是突出全域全面，做深做实全科网格，打破条线阻隔，推进多员合一，整合网格员力量，构建扁平化、全流程、大闭环的社会治理新架构，真正做到网格巡察不留死角、发现问题不留盲区、解决问题及时高效。三是突出治本治源，做优做精运行机制，按照“条块结合、以块为主、管办分离”的思路，坚持源头治理，增强三治融合的行动自觉，对于网格发现的涉村社区事项，全面纳入“两会三团”合力解决，注重源头预防、综合施策，以“一张网”的形态畅通三治融合的实现路径，以三治融合的内容丰富网格管理手段，全面提升社会治理能力和水平。

参考文献

李锦华，2019. 桐乡“三治融合”推动基层治理现代化［J］. 农村工作通讯（9）：18-20.

王晓莉，2019. 构筑社会善治的“三脚架”——破析桐乡“三治”融合的乡村治理机制［J］. 中国领导科学（3）：93-96.

姚媛，2019. 三治融合“桐乡经验”的启示与理论创新——基于乡村治理的视角［J］. 领导科学论坛（9）：20-23.

张丙宣，苏舟，2016. 乡村社会的总体性治理——以桐乡市的“三治合一”为例［J］. 中共杭州市委党校学报（3）：47-53.

浙江桐乡，2019. 党建引领三治融合 促进乡村有效治理——浙江省桐乡市探索三治融合实现路径［J］. 农村经营管理，198（8）：40-41.

报告 12

特大城市农村劳动力转移就业面临的困境与对策研究
——基于北京市的调研

随着城镇化率的提高，农村劳动力转移就业的速度逐渐放缓，尤其特大城市内部农村劳动力转移就业面临诸多困境，制约了经济社会的进一步发展。本研究以北京市为例，深入分析了京津冀协同发展战略和非首都核心功能疏解等背景下京郊农村劳动力转移就业面临的新形势，并通过集中问卷调查和入户访谈了解当前农村劳动力转移就业存在的问题及就业需求。结果显示：现阶段京郊农村劳动力整体就业能力偏弱，但就业预期过高，外出就业意愿不足，适合农村劳动力就业的岗位数量型短缺和结构性短缺并存。最后有针对性地提出推动农村劳动力转移就业的对策建议。

一、引　言

长期以来，农村劳动力转移就业问题备受关注。我国城镇人口占总人口比重从改革开放初期的 17.9%提高到 2019 年年末的 60.6%，亿万农村劳动力从传统农业部门转向现代非农产业部门，对全社会劳动生产率提高起到了极大的促进作用。可以说，推动农村劳动力转移就业是实现农村经济发展，加快新型城镇化建设的重要途径。作为人口净流入区域的特大城市，吸纳了大量外来农民工，为稳定全国就业大局发挥了积极作用，但与此同时，这些地区内部农村劳动力转移并实现稳定就业则愈发困难。尤其伴随城镇化率的不断提高，农村劳动力转移速度也逐渐放缓，加上我国经济下行压力加剧和产业结构深度调整，就业形势面临着新的变化，特大城市农村劳动力的转移就业也面临新的问题和挑战。

北京作为中国特大城市的代表之一，高度重视农村劳动力转移就业工作，制定了一系列的政策措施，推动农村劳动力通过单位招用、自主创业、自谋职业或灵活就业等形式实现就业。然而，随着京津冀协同发展战略的逐步落实以及非首都核心功能疏解的深入推进，京郊还有大量农村劳动力不能转移或不愿转移，即便转移出来也往往不能稳定就业，造成劳动力资源的巨大浪费。这不仅会影响农民增收致富，同时也不可避免地影响农村社会稳定，给农村社会治理造成压力，更会严重影响乡村振兴进程，因此需要采取更加积极有效的措施来解决这一问题。在此背景下，本研究在深入分析当前农村劳动力转移就业形势的基础上，通过问卷调查和入户访谈，对京郊农村劳动力转移就业面临的困境和存在的问题进行深入分析，并提出相应的对策建议。

二、北京农村劳动力转移就业面临的新形势

（一）外来劳动力带来挤出效应

近年来，虽然在严格控制城市规模的各项措施推进下，北京市常住外来人口无论在增量上还是增速上均出现了双下降。但是，在庞大的人口基数下，常住人口的机械增长和流动人口的合理流入，人口总量红线约束的实现压力依然较大。面对首都日益高昂的房价和租金，受收入水平所限，大部分流动人口会选择城市近郊地区或城乡接合部生活，在一定程度上挤占了本地农村劳动力就近就业的市场空间。并且，根据一些机构和学者的研究分析，未来京津冀地区仍会有大量的区域外人口流入。《北京社会治理发展报告（2015—2016）》预测，在未来 20 年至 30 年内，我国还将经历人口城市化的快速推进和流动人口规模的大幅增加，而北京作为全国的政治、文化、国际交往和科技创新中心，仍具有很强的吸引力，未来还会面临较大的外来人口输入压力。

（二）内部新增劳动力难以消化

“十二五”期间，北京市重点推进了城乡接合部地区 50 个村的整建制“农转居”，数万名农村居民转为城镇居民。但是，由于多方面的原因，有些“农转居”居民的就业保障问题没有得到很好解决，待业或失业现象较为普遍。根据 2016 年的调查，“农转居”人员多希望从事技术性岗位，但又缺乏应有的职业技能，因此难以找到合适的工作。此外，很多“农转居”居民一

次性获得了较高的拆迁补偿，短期内没有生存压力，主观上也没有就业意愿。要解决好“农转居”居民的就业问题，需要投入较大量的服务、资金和政策等资源，也将挤占一定数量的就业岗位。未来北京市还将大力推进新型城镇化和城乡一体化进程，这意味着农村劳动力转移就业还将面临更大的内部压力。

（三）产业疏解就业岗位减少

“人随产业走”是疏解非首都核心功能的主要措施，部分不符合首都功能定位的企业灌顶、批发市场外迁，适合农村劳动力就业的岗位一再减少，许多已转移就业的农村劳动力也失去了原有工作岗位。此外，北京市通过“以业控人”，制定了有史以来最为严格的新增产业禁限目录。然而，产业的禁限在疏解人口的同时，也减少了本市户籍人口的就业岗位，尤其农村劳动力就业较为集中的制造业、农林牧渔业、批发和零售业新设市场主体分别下降73.23%、35.14%、23.11%，传统领域新增就业岗位空间进一步被压缩。再加上禁种禁养、节水保水、生态涵养保护等政策的落实，北京农村人多地少矛盾更加突出，第一产业就业岗位减少，原有从事第一产业的农村劳动力也需要转移就业。

（四）产业升级就业门槛提高

在疏解非首都核心功能的同时，北京市还加快了产业结构调整的步伐，重点内容之一就是发展“高精尖”产业。根据北京市统计局数据，2019年北京高端产业贡献突出，高技术制造业、战略性新兴产业增加值分别增长9.3%和5.5%，对规模以上工业增长的贡献率分别为74.7%和58.9%。“高精尖”产业的发展在一定程度增加了高端工作岗位的供应数量，同时也带动了工作岗位要求的提高，农村劳动力难以满足岗位需求。而且高端产业特点之一就是用人少，尤其金融、科技领域，需要技术含量较高的高级人才，而这些高收入群体很少参与到二次分配当中，因此很难拉动整体城市的就业。

三、调研实施

为深入了解新形势下北京农村劳动力转移就业存在的问题，课题组采取集中问卷调查和入户访谈相结合的方式开展了实地调研。其中问卷调查主要在顺义区南法信镇进行，在政府相关部门协助下，集中发放问卷250份，筛除无效问卷39份，共计调查已就业劳动力211人。入户访谈主要在密云、房山两个区进行，每个区各选1个镇，每个镇选取3个村，共计访谈296户，涉及劳动力351人。样本基本情况如表3-1所示。

表3-1 集中问卷调查和入户访谈样本基本情况

指　标	集中问卷调查	入户访谈
样本总量（人、户）	211	296
调查劳动力总数（人）	211	351
男女比例	109/102	181/170
平均年龄（岁）	43.63	45.38
平均受教育年限（年）	9.11	8.14
有职业资格证书或技能证书的比例（%）	55.88	30.61
家庭平均规模（人）	3.53	3.76
家庭平均劳动力数量（人）	2.32	2.03
家庭平均土地面积（亩）	0	4.05
家庭平均年收入（元）	43 669.95	35 254.21
平均月薪（元/人）	2 344.71	2 588.47

四、新形势下北京农村劳动力转移就业面临的困境

通过调研发现，在外来劳动力就业竞争、新增就业岗位不足、原有就业岗位减少、就业门槛提高的四重压力下，北京市农村劳动力就业能力偏弱的特点更加凸显，“高不成、低不就”现象较为普遍，造成了当前适合农村劳动力就业岗位数量型短缺和结构性短缺并存的局面。

（一）整体素质偏低，就业技能不足

从调查结果来看，目前北京农村劳动力所积累的职业技能和工作经验多停留在传统产业领域，还难以适应产业结构调整的需要，达不到二、三产业就业岗位要求。一是受教育水平偏低。在所有调查的562个农村劳动力中，初中以下学历有346人，占总数的66.9%，大学及以上学历仅占5.16%，远低于北京市常住外来人口平均受教育水平。二是平均年龄相对偏大。问卷调查对象的平均年龄为43.63岁；入户访谈劳动力的平均年龄为45.38岁，高出北京流动人

口的平均年龄 10 岁多。三是职业技能偏弱。虽然问卷调查的 211 个农村劳动力中，有 114 人有职业资格证书或技能证书，占 54.03%，但只有 1 人证书为中级，其他均为初级，并且主要集中在保洁、驾驶、家政等行业，拥有计算机、电焊工、电工等技术含量相对较高证书的人数很少，分别只有 3 人、1 人和 1 人。从访谈情况看，拥有职业资格证书或技能证书的比例更少，在 296 户访谈对象中，家中劳动力有职业资格证书或技能证书的仅有 82 户，占总数的 27.70%，从事的工作内容主要还是开出租车、建筑、安保、保洁等门槛较低的工作。

（二）就业预期过高，缺乏就业主动性

调查发现，多数农村劳动力表示希望从事轻松而收入高的工作，但自身职业技能水平不高，就业预期与现实存在一定落差，导致主动失业的情况十分普遍。如表 3-2 所示，被调查农村劳动力预期工资水平多为 2 000~4 000 元，两类样本预期工资水平在 4 000 元以下的均占 2/3 左右，这与外来务工农民工的实际工资水平大致相当。而在大致相同的工资水平下，被调查劳动力对转移就业的工作岗位提出了较多的要求，其中“有很高的工资待遇”，占比为 32.13%；其次是“缴纳社会保险”，占比为 27.54%；再就是“工作压力较小，有正常休息休假”，占比为 15.41%。但是受学历和工作技能影响，适合农村劳动力就业的多为商业服务、保安保洁、交通运输等，此类工作很多都没有规范的作息时间，很难达到其预期目标。另外，北京作为全国的政治文化中心，带给北京市民巨大的地域自豪感，也给转移就业带来了一些负面影响：部分农村劳动力主观上放不下“北京人”的架子，宁愿在家务农或者失业，也不愿意从事保安、物业管理、交通协管等相对低端的操作性工作。以海淀区西北旺镇为例，镇政府为促进就业对当地农村劳动力进行了 7 类岗位的培训，其中包括物业管理等，但是当物业公司在该镇招聘时，只录用到 110 多人，而且这些人不久也因嫌“挣钱少”或“太累”而纷纷辞职。

表 3-2　问卷调查对象及访谈户劳动力转移就业工资预期

工资预期	集中问卷调查对象		访谈户劳动力	
	数量（人）	比例（%）	数量（人）	比例（%）
2 000 元以下	0	0	46	13.11
2 000~4 000 元	145	68.72	193	54.99

（续表）

工资预期	集中问卷调查对象		访谈户劳动力	
	数量（人）	比例（%）	数量（人）	比例（%）
4 000~6 000 元	64	30.33	74	21.08
6 000~8 000 元	2	0.95	26	7.41
8 000 元以上	0	0	12	3.41
合计	211	100.00	351	100.00

需要特别指出的是，据北京市人力资源和社会保障局相关部门负责人介绍，由于北京市户籍农村劳动力对工作环境、强度和待遇等方面要求较高，且维权意识较强，虽然北京市为鼓励企业招用农村劳动力，出台了岗位补贴和社会保险补贴等优惠政策，但仍有相当一部分企业明确表示不愿意招用本地人。

（三）限制因素较多，外出就业意愿不足

当前质量较高的工作岗位仍集中在北京主城区，前往主城区工作是实现转移就业的较好选择。然而，无论是问卷调查对象，还是访谈户中已就业劳动力，都倾向于在本乡镇范围工作（表 3-3）。之所以如此，是因为农村劳动力转移就业还面临一些客观条件的限制，这也是当前城乡劳动力就业存在的普遍问题。约有 1/3 的调查劳动力“需要照料家庭，离不开”；还有一部分劳动力受制于身体健康状况，不能实现转移就业。

表 3-3　问卷调查对象及访谈户已就业劳动力转移就业地点预期

地点预期	集中问卷调查对象		访谈户已就业劳动力	
	数量（人）	比例（%）	数量（人）	比例（%）
本村	71	33.65	99	46.48
本镇（乡）外村	89	42.18	58	27.23
本区外镇（乡）	51	24.17	15	7.04
本市外区	0	0	19	8.92
本国外省	0	0	1	0.47
国外	0	0	2	0.94
哪里都行	0	0	19	8.92
合计	211	100.00	213	100.00

另外，在访谈中发现，受“在家千日好，出门万事难”等传统思想影响，农村劳动力守土不离家的观念依然根深蒂固。特别是年龄在40~50岁的人员，往往需要照顾老人孩子，加上本身就业能力不强，通常选择不外出就业。在“不愿意京外就业的主要原因”这一问题的问卷调查中，选择“离家远，生活不方便”占比达到61.15%，其次是“相关消费太高”，占比19.62%。

(四) 相关就业扶持政策宣传力度不够

近年来，北京市加快建立覆盖城乡的就业促进政策体系，不断将公共就业服务由城镇向农村延伸，建立了农民就业失业登记制度、农民求职登记制度等，实现了城乡就业促进政策的初步统一，农村劳动力转移就业优惠政策基本实现全覆盖。但是在实际调查中发现，仍有大量农村劳动力不了解相关政策内容和相关程序，也未能从中受益，并表示没有进行转移就业登记或失业登记。如图3-2所示，在进一步追问没有登记的原因时，55.50%的样本选择“不知道如何登记”，17.33%的样本认为“登记不登记都一样”。同时，调查样本对农村劳动力转移就业能享受的优惠政策和奖励办法的了解程度也不乐观，有69.21%的劳动力表示“不知道如何申请”和“不知道有什么优惠政策”（图3-3），甚至许多人表示第一次听说有促进就业的相关政策。

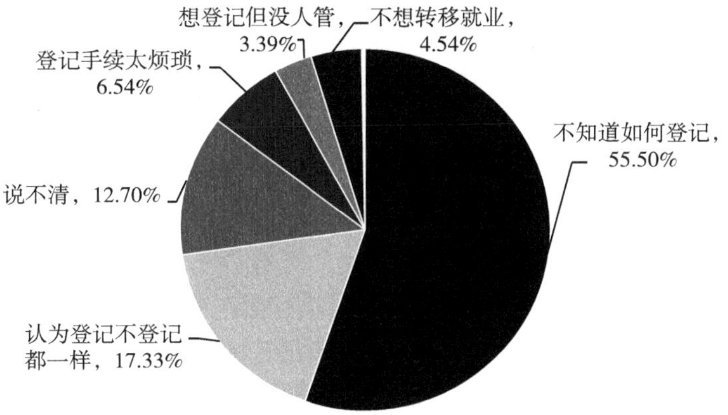

图3-2 未转移就业或失业登记的原因

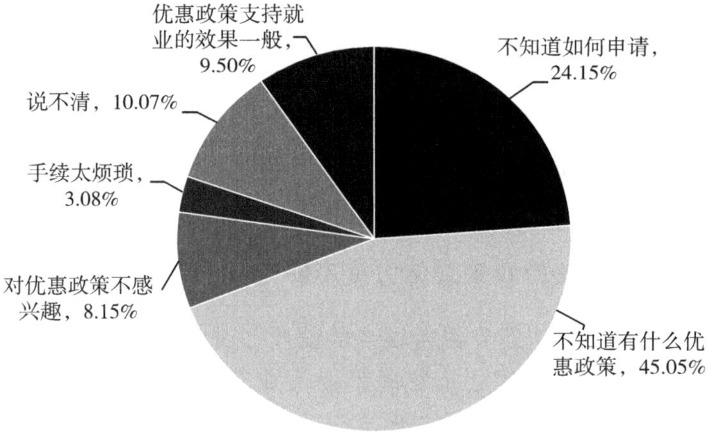

图 3-3　未享受就业优惠政策的主要原因

五、推动北京农村劳动力转移就业的对策措施

针对北京市农村劳动力就业工作现状，结合农村劳动力转移就业所面临的新形势及存在的问题，提出如下对策措施。

（一）提升素质，增强农村劳动力转移就业竞争力

面对未来转移就业的严峻形势，要加强对京郊农村劳动力的综合素质教育和职业技能培养，不断优化劳动力的技能结构，促进产业与劳动力技能水平同步升级，避免其受到工作机会减少和外来劳动力竞争的双重挤压。一是建议统筹整合现有的培训项目和资金，集中优势资源把就业意愿强、最需要就业的农村劳动力培训好，提高培训的针对性和有效性，切实提升农村劳动力职业技能水平，以培训促进就业。二是结合“高精尖”产业发展需要，以市场需求为导向，通过订单、定向、定岗培训等形式，对有劳动能力和就业意愿的农村转移就业劳动力，优先提供就业创业技能培训，帮助其尽快适应市场需求，实现稳定就业。三是提高农村劳动力就业的组织化程度，搭建多元化农村劳动力就业服务平台。发挥科研院所、技术推广服务机构、经济合作组织和农业产业化龙头企业的作用，通过科技入户、现场指导、技术服务、田间学校、农村远程教育等方式，完善就业服务和人岗对接机制，以服务助推就业。

（二）优化环境，培养农村劳动力转移就业意识

针对北京市户籍农村劳动力低端岗位就业意愿低和企业招用本市劳动力积极性不高等实际问题，综合利用经济和市场手段，鼓励北京市户籍农村劳动力就业，提高其就业竞争力和积极性。一是要将树立正确的就业观念纳入乡风文明建设范围，通过多种形式加强对就业先进典型的报道，同时利用反面案例教育警示，积极改变农村劳动力的思想观念，加强对其择业观念、就业形势和就业能力的宣传教育，引导其认清现实、客观择业，激发其参加培训、学习技术、转移就业的主动性。二是建议在交通安全、停车管理、物业管理、养老助残、社区文化、公共卫生服务等附加值低、外来人口集中的行业领域，针对户籍劳动力开展培训指导，鼓励用人单位招用户籍人口，引导户籍人口积极就业，调动用人单位和北京市农村劳动力的积极性。三要积极推进对重点地区、困难群体的扶持，特别是对受京津冀协同发展和非首都核心功能疏解影响较大的企业和人群的扶持，提供有针对性的就业指导、就业推荐、政策咨询等服务，实行更加有利于促进劳动力高质量就业的政策措施。

（三）平衡存量，促进市域内农村劳动力就近就业

由于经济发展基础的不同及功能定位的差异，北京市域内不同地区在吸纳城乡劳动力就业能力方面存在明显差距。在产业疏解过程中，应采取存量市域内平衡的思路，促进核心区优质产业存量优先向生态涵养区转移，在壮大集体经济和发展农村产业上下功夫，充实岗位资源，实现本地区农村劳动力就近就业，缓解核心区就业压力。一是建议在已有新增产业禁限目录基础上，研究出台适宜发展的产业指导目录，合理安排传统产业退出和新产业项目落地的时序和节奏，避免产业空心。二是大力推进农业与旅游、教育、文化、健康养老等产业深度融合，积极发展多种形式的农家乐，提升管理水平和服务质量。推动首都市场、金融、品牌、设计、物流、会展等优势服务资源向农村流动，打造有特色、有创意的农事节庆，创新农耕体验活动，促进休闲旅游和创意农业发展，增加生活服务性就业岗位。三是切实落实农村创新创业的相关支持政策，提供更多的创业机会和平台，引导和鼓励各类人才到农村创办农民特别是小农户参与度高、受益面广的产业，为乡村产业振兴注入新动能，以创业带动就业。

（四）完善政策，扎实做好就业服务保障工作

虽然近年来北京市城乡公共服务均等化取得显著进展，但是由于长期对农村投入不足，且财政对农村的投入偏重于农业生产，社会公共资源配置的城乡不均衡状态没有彻底改变，农村教育、环境、医疗卫生、文化体育、社会福利等公共服务水平与城市相比仍差距很大，导致农村劳动力不愿意也很难实现就地转移就业。因此，一方面要进一步完善农村公共服务体系，逐步把农村劳动力从家庭和有限的耕地上解放出来，加快建立优质资源共享机制，统筹城乡义务教育资源均衡配置，整合城乡居民基本养老保险制度、基本医疗保险制度，消除农村劳动力转移就业的后顾之忧。另一方面要实施更加积极的农村劳动力就业促进政策，加大对企业招用本地农村劳动力岗补、社补的宣传落实工作，结合冬奥会、城市副中心、美丽乡村建设等重大工程、重大项目，鼓励和引导企业尽可能聘用周边农民从事基础设施建设、绿化管护等工作。

参考文献

陈锋，2009. 农村劳动力转移就业及其促进对策建议——以广东为例［D］. 广东：中山大学.

冯虹，李升，2016. 特大城市外来人口聚集区中的农民工群体研究——基于对北京的调查［J］. 国家行政学院学报（1）：102-106.

纪韶，李小亮，2019. 改革开放以来农村劳动力流动就业制度、政策演进和创新［J］. 经济与管理研究，40（1）：64-74.

李琦，2010. 北京市城市化进程中失地农民安置政策与实践研究［J］. 北京劳动保障职业学院学报，4（3）：3-7.

李晓壮，2016. 常住外来人口社会阶层结构分析与治理对策——以北京为例［J］. 理论月刊（4）：128-132.

马小红，胡梦芸，2016. 京津冀协同发展视域下的北京流动人口发展趋势［J］. 前线（2）：21-23.

王成利，2018. 改革开放四十年来农村劳动力政策演进研究——涉农中央“一号文件”的视角［J］. 东岳论丛，39（12）：148-156.

王红杰，等，2016. 北京城乡结合部 50 个重点村失地农民再就业研究［J］. 中小企业管理与科技旬刊（3）：135-135.

殷星辰，2015. 北京社会治理发展报告（2014—2015）［M］. 北京：社会

科学文献出版社.
袁振龙，2019. 北京社会治理发展报告（2018—2019）［M］. 北京：社会科学文献出版社.
张广胜，田洲宇，2018. 改革开放四十年中国农村劳动力流动：变迁、贡献与展望［J］. 农业经济问题（7）：23-35.
张众，2019. 乡村旅游对农村劳动力就业的影响及其路径［J］. 山东社会科学（7）：143-147.

报告13

北京市科技特派员需求调研与发展策略分析

一、引　言

自1999年福建南平探索试点科技特派员制度以来，全国数十万名科技特派员带着先进的技术和理念，从城市走向农村，为农村创新创业注入了深厚力量。2019年，习近平总书记对科技特派员制度推行20周年作出重要指示，强调要坚持把科技特派员制度作为科技创新人才服务乡村振兴的重要工作进一步抓实抓好。2016年5月，国务院办公厅印发《关于深入推行科技特派员制度的若干意见》，提出要深入实施创新驱动发展战略，壮大科技特派员队伍，完善科技特派员制度，重点围绕科技特派员创业和服务过程中的关键环节和现实需求，引导地方政府和社会力量加大投入力量，为科技特派员农村科技创业提供技术支撑。科技特派员作为一项通过引发科技创业服务带动农业和农村经济发展的制度创新，在实践中不断地发展成熟。然而，实践中科技特派员工作面临着资金不足、信息不灵、政策不配套、部门不协调、人才供求脱节、产业带动乏力等诸多问题，说明巩固扩大科技特派员成果、完善科技特派员制度、推广科技特派员活动还有很长的路要走。因此，有必要开展科技特派员现实需求等方面的研究，这有利于明确新时期科技特派员工作的重点和方向，从而为进一步增强科技特派员创新创业能力，健全科技特派员创业支持机制、完善新型农业社会化科技服务体系提供良好的制度环境和政策保障。

本研究以北京市为例，通过问卷调查深入了解当前科技特派员存在的需求，分析其工作面临的突出问题，提出新形势下科技特派员制度完善方案及建议，以引导科技、信息、人才、管理等先进生产要素向农村基层、农业一线集聚，进一步激发广大科技特派员创新创业热情，促进科技特派员制度长效发展。

二、北京市科技特派员发展历程及建设现状

自2004年开始，北京市科技特派员制度至今已经实施了16年，主要经历了三个阶段。

第一阶段：起步探索阶段。2004年，北京市开始建设整合全市科技资源的“三农”服务平台——农村科技服务港，目的是将城区的创新成果向京郊辐射，促进科技成果转化推广。在此基础上，培养了一支以乡土人才为主的农村科技服务队伍，逐步形成了多元主体共同参与科技成果转化应用、共享科技服务资源的农村科技推广服务网。

第二阶段：全面启动阶段。2007年，为进一步完善农村科技服务体系，解决科技成果到农民手中“最后一公里”问题，北京市启动农村科技协调员建设工作，形成了一支来自农民、扎根农村、服务农民的农村科技协调员队伍，一方面及时准确把握农民在农业生产中的实际科技需求，另一方面作为城区专家的科技助手，通过对接的高校院所来解决农民遇到的难题。

第三阶段：深入推进阶段。2016年，为推动科技特派员工作的深入开展，北京市科学技术委员会联合北京市人力资源和社会保障局、北京市农村工作委员会等12家单位联合印发了《关于深入推进科技特派员工作的实施意见》，提出了北京市科技特派员制度建设的实施目标、重点任务和保障措施。现阶段已形成拥有近万名的科技特派员队伍，在服务科技成果惠及民生、服务京郊一二三产融合发展、服务乡村振兴战略实施等方面发挥了重要作用。

三、北京市科技特派员工作存在的需求分析

（一）北京市科技特派员现实需求调研

为切实了解当前北京市科技特派员制度建设情况，本研究采取问卷调查和深度访谈相结合的方法，对北京市科技特派员制度实施情况进行了实证研究。

1. 调查问卷设计

本问卷属于结构式问卷，问卷初步设计好后，开展了预调研工作，并根据

预调研反馈结果对问卷进行了相关修改，最终共设计58个问题，内容主要涉及4个方面。一是调查者的基本信息，包括性别、年龄、教育程度、技术职称等；二是科技特派员开展科技创新创业的情况；三是科技特派员创新创业服务环境调研，主要获取科技特派员对相关政策的了解及认知情况；四是了解当前科技特派员对金融、政策、合作交流等资源要素的需求情况。

2. 数据的来源与处理

考虑到样本的代表性和数据的可得性，调查采用非随机典型抽样方法。通过“12396北京新农村科技服务热线”中的“北京科技特派员微社区”发送问卷，并采取红包激励、限制IP地址和后台检验等手段来扩大问卷的传播度和提高问卷的有效性。

本次调查共发放问卷632份，剔除无效和回答不全的问卷139份，收回有效问卷493份，问卷有效率为78%。

3. 样本统计描述

从表3-4可以看出，本次调查样本性别构成较为均衡，中年人居多，年龄在31~50岁的科技特派员占样本总量的62.47%，年龄在30岁以下和50岁以上的科技特派员较少。受教育程度总体较高，大部分都接受过高中（或中专）及以上教育，占样本总量的92.7%。同时，调查的科技特派员大多还具有一定的技术职称，中级职称的人数最多，占样本总量的29.61%，由此可见北京市科技特派员总体具有较高的综合素质。从选派单位构成来看，来自农村的科技特派员最多，有119人，占24.14%，其次是企业和行政事业单位，分别占23.33%和18.26%，另外还有来自政府部门、科研院所、高校的科技特派员，可以说北京市科技特派员的来源渠道较为丰富。

表3-4 调查样本特征描述性统计（N=493）

科技特派员	描　述	频率（份）	占比（%）
性别	男	243	49.29
	女	250	50.71
年龄	18~25岁	23	4.67
	26~30岁	82	16.63
	31~40岁	166	33.67
	41~50岁	142	28.80
	51~60岁	76	15.42
	60岁以上	4	0.81

（续表）

科技特派员	描　述	频率（份）	占比（%）
受教育程度	初中及以下	36	7.30
	高中或中专	164	33.27
	大专	90	18.26
	本科	114	23.12
	硕士	56	11.36
	博士	33	6.69
技术职称	无	135	27.38
	初级	130	26.37
	中级	146	29.61
	高级	82	16.63
所在单位	政府部门	63	12.78
	行政事业单位	90	18.26
	科研院所	53	10.75
	高校	37	7.51
	企业	115	23.33
	离退休	16	3.25
	农村	119	24.14

总体来看，目前北京市科技特派员队伍可以划分两类：一类是“外生式”科技特派员，主要包括科技人员、大学生村官、离退休人员及企业人员等，主要通过技术要素带动，将城市的其他现代生产要素带进农村；另一类是“内生式”科技特派员，主要是农村内部各种能人，包括乡土专家、返乡农民工、农村青年致富带头人等，通过示范带动，推动农业科技成果在实际生产中转化应用。

（二）北京市科技特派员发展面临的现实需求

结合问卷调查分析结果和深度访谈，得出目前北京市科技特派员工作存在的主要需求具体如下。

1. 科技特派员创业服务的激励机制亟待完善

调查显示，当前北京市科技特派员服务形式大多是无偿服务型，占样本总量的64.73%，其他科技特派员则采用技术承包、技术入股等形式展开服务。在政策满意度调研方面，“没有明确的激励措施”是对科技特派员制度不满意的最主要原因，占样本量的 75%；其次是“体制政策不配套”和“宣传不到位”，各占 50%；与激励措施相对应，还有 37.5%的人选择“无偿服务动力不足”。由此可见，缺乏明确的激励奖励机制是对科技特派员制度不满意的最主要因素。当前北京尚没有设立科技特派员专项资金，部分科技特派员下乡服务期间基本的食宿、交通等费用无法开支，正常的科技服务工作受到影响，挫伤其积极性，严重制约了许多科技特派员工作的深入和广泛开展。对于有志创办企业的科技特派员来说，缺乏资金支持，没有相关税收、贷款等方面优惠政策扶持，积极性和创造性得不到充分发挥。

市场经济条件下，仅仅依靠科技人员一时的热情，已难以适应农村经济与社会发展的需求。科技特派员制度从试点之初就强调与农民建立“风险共担、利益共享”的共同体，但是当前在北京建立的利益共同体数量仍然较少，科技人员和农民很难结成真正的利益纽带，大部分科技特派员还是只限于科技服务，创办、领办企业的潜能难以充分发挥。另外，北京市社会化、市场化、专业化的科技特派员综合管理服务机构和人才不足，科技特派员协会建设缓慢，推进科技特派员农村科技创新创业的市场机制不健全，内在动力不足。

2. 科技特派员服务领域有待积极拓宽

根据问卷调查数据，当前北京市科技特派员的工作类型仍以农业技术服务和农业科技成果推广为主，分别占调查样本的 83.04%和 64.29%；涉及领域大多集中在种养殖业，其中种植业占 71.43%，养殖业占 54.91%，在林果花卉、安全投入品等领域开展工作的科技特派员也逐渐增多；服务对象以一般农户、专业大户和专业合作社为主，其次为家庭农场、企业等。另外，在调查的 493 名科技特派员中，仅有 100 名科技特派员开展了农村创业活动，占样本量的 20.28%。

随着农村一二三产业融合发展的不断推进，农业功能不断拓展，农户对农业技术的需求也不再局限于单一的种植、养殖方面，而是逐渐呈现出复杂性、易变性和多样性的趋势。北京市科技特派员农村创业服务对新业态的发展普遍反应不足，当前京郊崛起一批产业融合发展的休闲农庄，对创意农业、智慧农业等方面的科技需求旺盛。但调研结果显示，当前北京市科技特派员开展服务的领域仍大多集中在种植业和养殖业的产前产中环节，对产后加工处理、经营管理、农业信息化等方面涉及较少。并且科技特派员的人员队伍结构较为失衡，学科结构较为单一，涉及金融、企业管理等领域的人员较少，难以满足农村多元化的技术需求。

3. 科技特派员选派和考核评价体系还需健全

根据对科技特派员工作方式的调研发现，312 人选择“兼职”，占样本总量的63.28%；150 人选择“全职”，占30.43%；有31 人选择“没有开展相关工作”。需要指出的是，虽然从调查样本数量来看，只有6.29%的科技特派员没有开展工作，但是因为本调查属于非随机典型抽样方法，这一问题还是需要引起重视的。目前，北京市科技特派员在确定选派对象、选派程序、选派去向、选派条件等方面的具体措施尚不明确，选派管理主要依赖于各级政府部门，缺乏有“仪式感”的认定过程，导致科技特派员的“名分”不够明显，社会认可度不够，科技特派员队伍中很多人对科技特派员认知模糊，队伍素质良莠不齐。

另外，对科技特派员的考核评价体系不够完善，缺乏硬性指标和可操作性，现有的管理平台并没有发挥真正的作用。虽然国家、北京市出台的相关政策中，都明确规定“鼓励科技特派员获得合理报酬和收益”，但由于许多科技特派员为公职人员，工资以外的收入还需要申报或说明，导致部分科技特派员心存疑虑，技术服务和创业的积极性受到影响。调查数据显示，在“关于科技特派员在职人员的保障政策”认知方面，虽然大多数人知晓“在创业服务期间，保留原单位工资福利、岗位、编制和优先晋升职务职称”“职务、职称、工资福利等与派出单位在职人员同等对待”等相关政策，但绝大多数表示这些政策在现实中并未落实，不知道如何具体操作。

4. 科技特派员相关政策还需有效宣传和切实落地

科技特派员制度发展至今已经不算是新生事物，但在实际调研发现，京郊不少农户对其还不是很熟悉，一些基层政府人员和科研工作者也不甚了解。关于“您是否了解当前国家对推进科技特派员工作的相关支持政策?”的回答结果中，调查的493 名科技特派员中有157 人选择了“不了解”，占总样本量的31.85%，考虑到本次调查所依托的信息平台，这一比率还是比较高的，说明科技特派员的宣传工作还有待加强。关于“您认为目前出台的政策保障能否解决您开展科技特派员工作的后顾之忧?”的回答结果中，有204 人表示“能”，仅占样本量的41.38%，多数科技特派员对当前政策持悲观态度，认为不能解决后顾之忧或者“说不清”。

当前，科技特派员被看作是农村创新创业的重要力量，政策导向也鼓励科技特派员开发农业农村资源，积极开展农村创业，不断拓展科技特派员创业舞台。但调查发现，现实中科技特派员遇到的创业困难普遍较多，一半的人员选择“融资困难”，有46%选择“缺少人才”，选择“缺少技术支持”“信息不畅”和“缺少项目引导”的分别占32%、28%和28%，总体看来，科技特派员在创业过程中普遍都遇到了资金、人才、市场等多方面的困难。而在关于“是否享受过创业相关的政策支持”的回答中，79%的科技特派员选择“否”，说明仍有大部分的科技特派员没有享受到创业相关的政策支持。在创业政策需求方面，超过一半的科技特派员选择“土地优惠政策”和“财政补贴政策”，同时还各有39%的科技特派员关注“注册过程简化”和“税收减免政策”，24%的科技特派员希望享受到“金融信贷优惠政策”。

四、深入推进北京市科技特派员制度建设的对策建议

为了在新时期能够更好地推动科技特派员农村科技创业的开展，在实地调研和前述分析总结的基础上，拟提出如下几方面对策建议，以进一步推动北京市科技特派员制度的完善和发展。

（一）加强组织领导，强化科技特派员激励力度

一方面，要继续强化财政金融支持，设立科技特派员创业专项资金，切实落实相关资金扶持政策，支持科技特派员创业；同时拓展融资渠道，开辟科技特派员创业的“金融绿色通道”，科技特派员创办的企业，不仅可以按规定享受国家相关支农优惠政策，而且给予一定的税收减免。另一方面，完善科技特派员与服务对象之间的利益联结机制，积极推进组建利益共同体。大力宣传和鼓励科技特派员在提供服务的同时，按照双向选择和市场经济原则，通过技术参股、项目支撑、有偿服务等多种形式与服务对象构建利益共同体，形成良好的利益激励机制，促进科技特派员持续稳定地提供优质科技服务。

（二）加强人才管理，激发科技特派员队伍活力

首先，要充分发挥北京科技人才资源优势，通过整合利用实现人才资源的盘活，扩展科技特派员的选派范围与渠道，同时要梳理北京市科技特派员的能力信息档案，以充分把握科技特派员的相关专长与优势，建立科技研究型、市场营销型、经济管理型等不同类别的多样化人才库。其次，要坚持“双向选择”“严格把关”的选派原则，增强科技特派员选派工作的针对性和成效性，立足本地特色产业对不同类型科技资源的需求，确保选派人员的专业技能特长

符合农村经济发展需要。最后，要做好科技特派员的监督考核工作。相关政府部门要及时出台规范科技特派员工作的具体文件细则，明确考核期限，考核结果与职称晋升、推优提拔相挂钩，奖优罚劣、赏罚分明，力争让干得好的科技特派员劳有所得、功有所奖，对考核不合格者予以解聘。

（三）完善政策体系，规范科技特派员组织管理体制

在当前已经形成的市科委、市农委等12家部门联合推动的基础上，切实落实相关政策文件要求，出台详细的操作规程，制定科技特派员科技创新创业服务规划，统筹部署，分类指导。科技特派员制度是一项长期、艰苦、庞大而且复杂的系统工程，需要科技、农业、财政、人事等多个政府部门跨部门、跨行业的协调合作，同时还需要各级政府的重视和配合。其中，科技部门负责日常工作，协调问题；人事、科技部门要联合制定能够激发科技特派员服务热情的考核、职称晋升等相关管理办法；宣传部门要加大宣传力度，及时报道推广好经验和好典型，营造良好舆论环境。多部门协调合作管理科技特派员制度工作，有利于科技特派员工作的协调发展。

（四）加大宣传力度，营造科技特派员发展的舆论环境

舆论不仅具有知识信息交流传播作用、思想理论宣传教育作用，而且具有对经济社会发展的导向作用和对社会大众的激励作用，加强舆论宣传对推进科技特派员制度建设是必不可少的重要举措。建议把科技特派员创新创业纳入北京市重大宣传计划，利用主流媒体和新媒体对科技特派员的工作进展情况和重要成果进行全面、深入、及时、系统的报道。应带着时代责任感，加大力度突出宣传科技特派员创业服务的先进典型和成功经验，宣传科技特派员的创业事业和服务精神，推动科技特派员创新创业顺利发展。另外，还可以通过举办不同层次、不同形式的经验交流会、表彰会、座谈会、宣讲会等，提高社会各界对科技特派员创业服务行动的了解和认知度，营造有利于科技特派员开展工作的舆论环境和社会氛围。

参考文献

傅晋华，王雅利，2012. 我国科技特派员农村科技创业机制研究［J］. 中国科技论坛（7）：137-141.

王云，2012. 天津市科技特派员制度存在问题及建议［J］. 天津农业科

学，18（3）：79-82.
新华社，2019. 习近平对科技特派员制度推行 20 周年作出重要指示［EB/OL］. 中国政府网，http：//www.gov.cn/xinwen/2019-10/21/content_5442820.htm，2019-10-21.
祝小卉，2010. 制度、技术与组织三维视角下的科技特派员制度建设［D］. 呼和浩特：内蒙古大学.

第四篇
经验借鉴

报告 14

国外产业技术创新联盟建设的经验做法与启示

农业产业技术创新联盟是现代农业科技发展的重要组织方式之一，是通过联结农户、涉农企业、农业院校、科研院所、中介服务机构之间共同开展技术合作，从而实现产业共性关键技术突破，共同在激烈的市场竞争中以获得利益最大化为目的的农业产业技术创新合作组织。我国产业技术创新联盟起步较晚，国外发达国家产业技术创新联盟建设的成功经验，对我国农业产业技术创新联盟建设具有重要借鉴意义。本研究分析了美国、日本产业技术创新联盟的类型、运行机制以及政府引导和支持联盟建设的方式，总结出相关启示，以期为我国农业产业技术创新联盟更好地服务于农业发展提供参考。

一、农业产业技术创新联盟的内涵及属性

（一）农业产业技术创新联盟内涵

农业产业技术创新联盟主要指以农业企业（多为农业产业化龙头企业）为主体，联合农业大学、科研院所、农业科技中介组织或其他组织机构（农民专业合作社、农村专业技术协会等），以农业产业技术创新需求为基础，以突破农业产业发展关键共性技术、创造知识产权和重要标准为目标，以具有法律约束力的契约为保障，形成的共同开发、优势互补、利益共享、风险共担的农业产业技术创新合作组织。农业产业技术创新联盟代表了农业相关产业最先进的生产力和科研方向、研发实力，是农业产业技术创新体系的重要组成部分，是农业产业化共性关键技术的研发基地，是“产学研用”紧密结合的重要纽带，也是农业产业技术创新资源的集成与共享通道。

（二）农业产业技术创新联盟属性

农业科技创新是一个复杂的系统，整个创新过程由政府、农业大学、科研院所、涉农企业等机构参与，需要财政金融、社会资本与创新人才等各种要素的共同投入，另外，还涉及制度安排与政策规定等外部因素的影响和制约，在创新过程中存在较大的不稳定因素，展现出较为明显的丰富性、风险性、系统性、复杂性和灵活性等特征，凸显在农业产业技术创新联盟上，需要具有较好的兼容互补性、能力层次性、承诺共享性以及中间组织性等属性。

二、农业产业技术创新联盟产生的必要性

（一）构建农业产业技术创新联盟是推动农业产业技术进步的重要组织形式

农业产业技术创新联盟是产业内具有共同利益的相关技术创新主体的联合体，具有承担共性技术研发的内在动力，在组成机制上有利于解决制约农业发展的共性关键技术研发问题；农业产业技术创新联盟有利于集中产业内研发资源，增加农业技术储备，提高农业共性关键技术研发能力；农业产业技术创新联盟本身贴近市场需求，是产业内开发、生产与应用的综合体，有利于提高农业共性关键技术的产出和扩散效率。因此，通过促进形成农业产业技术创新联盟，有利于丰富并形成有效的农业共性关键技术供给体系，推动农业产业技术进步。

（二）构建农业产业技术创新联盟是农业企业应对激烈竞争的重要举措

企业的技术改造和研发能力是应对各种市场风险与挑战的重要因素，而建立农业产业技术创新联盟是解决企业自身研发能力不足的重要措施。企业加强农产品精深加工和新产品开发需要科研力量的支持，因此通过构建农业产业技术创新联盟，可以进一步加强企业与农业大学、科研院所的合作，从而建立企业创新平台并培养企业自主研发力量。

（三）构建农业产业技术创新联盟是农业科研教学发展及人才培养的重要平台

构建农业产业技术创新联盟的过程中，一方面，农业大学、科研院所的科研功能推动了农业产业化及联盟的发展；另一方面，农业产业技术创新联盟也对农业大学、科研院所的教学功能和人才培养功能起到了有效的促进作用。农业产业技术创新联盟能促进大学和科研院所及时地了解企业科技需求和市场竞争需要，推动科研方向的优化，发展创新团队，将优势科技资源配置到能够产生重要经济与社会效益的自主创新研发项目上。联盟制定科学合理的分配和激励机制，将极大地调动大学、科研院所教学与研发人员的积极性，并使其获得研发实践的机会，培养其创新精神和实践能力。

三、国外产业技术创新联盟的经验做法

（一）美国

1. 联盟类型

（1）政府引导型联盟

主要依托政府部门的直接资助、多渠道融资等手段，整合行业各方资源，促使各方参与国家战略技术研究。在这种模式中，早期是由政府提供资金直接资助联盟，对产业所有资源展开整合及优化，推动所有关联方支持国家战略技术开发，并提供各种优惠措施；运行中政府主要通过技术计划目标和产业技术发展战略指导联盟。联邦政府的有效指引不仅体现出它在管理规划以及信息资源等方面的优越性，还强化了国家技术运作战略目标与联盟目标间的一致性。

（2）工程研究中心模式

自 1985 年以来，美国政府在许多实力较强的研究型大学建立了工程研究中心（ERC）。ERC 专注于重大工程学科的集成研究，强化大学与企业之间的联系。研究内容涵盖了从设计、制造和生产的整个过程系统和综合研究。研究成本由政府、企业与大学共同负责，其中企业承担 30%。此外，企业需要向 ERC 提供科学研究设备及其他设备的免费服务。在组织管理上，ERC 方法灵活多变，其组织结构根据不同大学的特点而呈现差异化。

（3）技术大学协作研究模式

技术大学协作研究中心（IUCRC）主要根据企业要求实施研究，旨在强化企业与大学之间的长期科研合作，以解决行业中的共性问题。依据大学与企业的联合方法，IUCRC可以分为一对多的合作模式，即一所大学和多个企业之间的联合方法；多对多的协作方式，即多家公司同多个大学的协作方式，强化了行业同大学间的亲密协作；规划合同的合作方式，即IUCRC与产学方签署合作协议，以促进各种合作研究工作向前推进。研究中心不隶属于企业或大学，具有很强的独立性。

2. 运行机制

（1）政府督导机制

在倡导“自由经济”的美国，政府通过推动和监督手段保证联盟的产业目标与政府要实现的国家目标相统一，并指导创新联盟成员根据目标制定具体的研发计划，在此基础上，政府尽可能地关注企业功能的发挥，且要在政策法规制定、研究创新环境改善方面发挥作用，要促进成员企业之间强化互通性，协调不同意见，同时凭借自己的信誉协助创新联盟成员企业逐步形成互信关系。

（2）伙伴选择机制

关于联盟成员的选取，美国政府把存在关键技术优势的产业优质公司以及科研单位充当联盟的主要成员，将其在产业链驱动、科技规范设置以及关键技术开发当中的重大效用完全体现出来，致力于处置产业当中经常出现的技术性问题。美国同样确保联盟的高度开放，通过许多优惠举措以及支持计划，引导中小企业主动参加，不但促使其技术快速进步，而且为联盟提供了持续的活力。关于项目的选取，联盟需要遵守相关的选取流程以及规范，且对项目的组织结构、管理运作、科技成果转化和推广利用进行严格审查。

（3）组织管理机制

与传统合作比较，产业技术创新联盟合作时间长，组织和运作过程较为复杂。一方面，美国借助设置同产业运作相符的科技评价机制，对联盟协作的效力性展开评价，从而提升联盟研发质量与效率；另一方面，根据联盟的战略定位，指明合理的阶段性协作开发目标，让项目开发更具弹性及科学性。关于联盟当中协作研发技术过于烦琐以及协作人员过多的问题，联盟管理者还设置了规范的定期通报以及项目协作机制，以促进联盟成员之间的沟通与资源共享，确保联盟项目的顺利实施。

（4）经费保障机制

原则上，美国联邦政府可以为产业技术创新联盟提供财政支持，以弥补其研发活动的投资不足，但是否提供经费支出取决于多种因素；在联盟当中的公司规模较小的状况下，或者联盟成立不久时，政府一般向其提供较多财政支持，但随着联盟的发展壮大，政府便通过逐步减少投资以提高联盟企业的自我发展能力。此外，风险投资作为一种股权资本，因其独特的特性被引进美国产业技术创新联盟，较好地处理了产学研协作当中的费用问题，促使运作风险以及成本明显减小，如此有利于分清产权关系以及健全激励体系，对于确保联盟成员利益、加快科技成果转化发挥着重要作用。

3. 政府引导与支持方式

美国政府对创新联盟的支持只是一种手段，是加强美国技术基础、提升美国产业竞争力的手段。在具体实践中，政府一般是在企业具有初始需求和规划之后为创新联盟的建立和后续工作提供帮助。

（1）发布科技战略规划

成立产业技术创新联盟涉及的利益群体很多，关乎国内产业的发展，因此，需要第三方来担任协调平衡各方面利益的工作。政府在产业界和学术界之间建立共同利益区，来推动产业的共性技术和基础技术的研发以及成果产业化。1996—1999 年，美国出台了一系列科技战略规划。从 19 世纪末期开始，美政府的科技政策设置迈向全新的时期，重点转移到“促进技术开发、扩散、鼓励合作与产业化”。联盟政府为支持及提升产业竞争实力，对核心产业展开有效干预，提供技术及资金支持，并对其关键、基础以及共性技术的探索设置了国家级别的科技规划。

（2）建立法律保障体系

美国产业技术创新联盟的发展从开始就受到反托拉斯法的制约，为克服这一法律障碍，美国国会于 1984 年通过了《国家合作研究法》，以降低企业合作研发的法律门槛，为产业技术创新联盟的发展夯实基础。美国制定了相关法律法规，为产学研联合提供政策保障，并依据环境和形势的变化加以修改。1984—1993 年，《国家合作研究法》的引入和修订使创新联盟从研发阶段升级至制造阶段，使产业技术创新联盟能够集中优势资源开展合作生产，共同分摊新产品开发成本，降低失败风险。因此，1985—1996 年成为美国产业技术创新联盟成立的高潮期。根据美国司法部相关数据显示，这段时期内共成立了 609 个创新联盟，平均每年 50 个，主要集中于生物科技、信息科技、新材料技术和化学领域。截至 2004 年 8 月，已有 942 个产业技术创新联盟注册。事实上，在 1993 年引入《国家合作研究与生产法》之前，当时的法律环境相对宽松，《反垄断法》并不构成严重的法律障碍，因此，1993 年以前已经建立了许多生产型产业技术创新联盟。所以说，1993 年新法案实施的主要意义在于使当时的宽松气氛合法化，以维持商业环境的长期稳定。

（3）资金支持

原则上，美国联邦政府可以为产业技术创新联盟提供财政支持，以弥补其研发活动经费的不足。如果某些联盟规模较小，或者处于起步阶段无法匹配联邦政府提供的资金，联邦政府也同样为其提供资金支持。政府主要支持许多相对较小的技术研发，支持范围大而广，技术组合多样化，从而会产生一些具有较好商业前景的研发成果，这将有助于营造一种促进政府持续支持联盟发展的氛围。

（4）参与联盟计划制定及实施

产业技术创新联盟发挥作用的能力主要取决于其研发计划及所在行业的具体情况。第一，美国政府指导创新联盟的成员企业就详细的研发计划与时间表进行协商，这是创新联盟建立与存在的基础。政府的重要任务是促进成员企业之间的沟通，协调各自的意见，达成共识。政府还需要考虑怎样使创新联盟的产业目标和政府要实现的国家目标保持一致。第二，在形成创新联盟的过程中，政府应该引导发展中企业发挥作用，而不是取代企业的作用。第三，政府要引导成员企业逐步构建互信关系。在创新联盟形成的早期阶段，成员企业之间的互信关系薄弱，政府需要利用其信誉来帮助调解，协助处理相关问题，促进信任关系形成。

4. 典型案例：MCC 运作模式分析

微电子和计算机技术公司（MCC）作为美国微电子产业在产业联盟中的重要探索，成立于 1982 年，改写了美国大企业之间不合作的历史惯例，创造了美国企业、学术和研究全面合作的第一个历史先例，其管理模式值得深入参考。

（1）强大的参与主体

首先，企业是产业创新联盟的主导者与重要推动力，主要面向对微电子与计算机技术发展持强烈兴趣的大型企业，为联盟发展确定方向，并提供高达数百亿美元的资金支持技术研究，反过来，企业也从 MCC 获取转化 600 多项技术，实现了企业与创新联盟之间的互利。其次，大学和科研机构，依托其科技、智力的资源优势，参与到联盟的运作中，与联盟自身强大的研究机构共同研发，培育和提供研究人才，并凭借自身研究专长从联盟承接某个研究课题开展研究，从而获得研究经费。最后，联盟的核心科研机构作为最重要的主体，是由会员企业在共同利益的基础上合作建立的大型独立研究机构，它具有实现企业科研计划和目标的能力，可以代表成员企业与其他科研机构和大学建立技术合作关系。

（2）稳固的组织结构

MCC 主要通过联合开发为企业提供新的技术与专利，供企业转化获利，其组织结构包含三种重要主体。①董事会，是最高权力机构，由成员企业组成，并根据各企业投入资金数量决定持有股份数目及其表决权的大小，包括首席执行官和研究主任等关键人员的任命，技术研究的长期计划及财务安排，新成员企业的加入申请，技术转让和专利税计划的制定等。②首席执行官，作为最重要的行政职员，由董事会选举产生，负责管理副总裁和员工等，并支持管理组织内的日常科研运作，同时负责与科研机构、地方与联邦政府等其他合作主体沟通，争取支持。③研究主任，是科研工作的重要监督者，由董事会任命和撤职，并负责每年由董事会制定的大型研究方向的执行，制定具体研究计划，并带领项目经理与研究人员实施落实。这种组织结构较为稳固，在提升科研效率、吸引新成员方面都展现出巨大的优势。

（3）合理的资金分配机制

MCC 需要在内部分配每个研发项目的资金预算，并确定每个项目成员企业的获得比例。MCC 必须每年向董事会提供技术计划草案和每个项目所需的资金，以供审查。董事会上会讨论，修订并批准下一步的预算。在每个科研项目中，实施研究经费均等化原则。参与提供项目资金的企业拥有优先免费使用科研成果的机会，并可以平均分摊未来产生的专利转让费；未参与项目及提供项目资金的企业，若要使用项目的研究成果，需要花费研究经费的三倍份额。这种科研基金制度在保证项目研究经费的同时，保障了企业的参与自由。

（4）有效的成果转化策略

技术转让是 MCC 技术进入市场并投入应用的过程。因此，MCC 与成员企业非常重视并制定了三项技术转让策略。标准技术包制度，是 MCC 最基本的技术转移制度，即定期向项目成员企业发放包含技术最新版本和实施指南的标准技术包，用来指导企业进一步的产品开发和技术实施。监察员制度，即项目成员企业派出一位员工作为监察员参与到项目中，定期向企业报告，确保企业与项目团队之间的信息对称，对科研的再开发起到指导作用。合作转化制度，即通过与得克萨斯大学建立技术转换机构 EXTRACT，为相关技术的产品研发提供研究服务。EXTRACT 以优惠的价格从 MCC 购买技术专利，然后实施产品研发，生产出原型，再将它们出售给企业，由企业将它们投入生产并推向市场。该制度得到了柯达和摩托罗拉等 20 多家 MCC 成员公司的支持和运用。

（二）日本

1. 运行模式

（1）技术研究组合

技术研究组合是日本产业技术创新联盟中最重要的联盟运作方式，是具备特殊法律地位的、处于公益性法人和企业法人之间的非营利性法人，组织形式非长期型，当合作任务完成后成员企业将返回原企业。合作形式分为横向合作和纵向合作，前者是在统一按照联盟的战略部署布置完任务后，将任务带回所属企业进行独自研发；后者是将技术研究组合的所有成员聚集在一起开展研究。随着日本企业整体国际水平的提高，现在更倾向于采用两者相结合、更为灵活的混合方法。技术研究组合还负责技术指导、研究成果的管理与使用，以及设备资金支持等工作。

（2）混合研究模式

自 19 世纪后期开始，为达成国家科技强国的战略目标，日本借助设置各类混合探索模式来推动公立高校同工业企业的协作。按照协作模式的差别，通常包含下述几类模式：其一，民间科研组织同公立高校间实施的技术协作开发；其二，政府单位或者企业借助本身需要，指定公立高校开展某种技术开发的委托协作开发；其三，构建企业同大学联合进行协作开发的、存在自主开发场地的协作开发中心，不仅为公司技术优化及提升创造了优越的环境，同时也加速了高校科技成果的转化和利用。

20 世纪 80 年代以后，为了持续增强国家技术力量，日本政府采用多种研究方法相结合的方式来强化企业与国立大学之间的合作。根据合作形式的差异性，分为以下几种类型：一是国立大学与民办科研组织的技术协作开发；二是政府单位或者工业组织指定公立高校研发某类技术来迎合本身所需；三是建立由大学和产业共同组建、具有独立办公场所的研究中心，既为企业技术改进与创新提供了条件，又加快了科技成果的转移转化速度。

（3）技术标准联盟

随着经济日益全球化，技术产品是否满足行业和国际标准已成为当今技术发展程度的重要标志，特别是在高科技领域。因此，技术标准合作组织作为一种新的联盟形式在日本迅速崛起。该类型联盟有两种类型：具有合理法人的正式组织和不具有法人地位的非正式组织。在技术标准联盟模式最为丰富的通信技术产业联盟当中，能够划分成两种：一种为行业龙头企业引导的标准联盟模式，如DVD标准化论坛是由东芝等企业组建的，还有ECHONET财团是由松下等公司组建的；另一种是在风险投资企业的支持下建立的技术联盟。

2. 运作机制

（1）政府主导机制

日本政府在产业技术创新联盟的实践中始终发挥着主导作用，视技术研发组合等产业技术创新联盟为实现国家产业技术发展战略的主要载体、制定重大技术标准以及推进科技创新和转让的渠道，引导联盟将研究内容集中于行业通用技术。例如高精密电子科技研究组合，是由日本电子材料设备产业当中的几十家大公司联合出资的，致力于电子芯片以及半导体技术设备的研究，旨在提高行业竞争力以及突出的创新能力。日本政府还出台相关法律法规以保护支持产业技术创新联盟发展，另外，还相继出台了一些补贴和减税的优惠政策。

（2）伙伴选择机制

在对联盟协作成员进行选择时，企业更为青睐资源差异化大或者持有关键技术的协作对象，即成员合作伙伴之间的资源是否互补，以及企业是否拥有自己独特的核心技术。只有符合上述两个关键条件的企业才能帮助联盟在开展协作开发时获取大量资源且研究出竞争力更强的科技产品。比如第五代计算机产业联盟包含在产业当中保持领衔位置的计算机企业，类似日立以及东芝等；石油企业运作技术开发组合则包含近30家石油行业优质公司，例如日本石油等精英公司。

（3）组织管理机制

在联盟组织管理方面，日本依托技术研究组合，在调动参与成员的积极性和确保开发项目的有效落实上产生了重大效用。因为联盟充当企业与公益法人间的特殊法人，尽管并非出于盈利，然而必须追逐联盟成员的共同目标，联盟需要的资金是由成员联合提供的，任何成员存在公平的投票义务以及权利，使得联盟成员产生较高的积极性及主动性。会员企业也高度关注在联盟成员间构建和谐关系，定期开展会议以及互访，如此使得成员协作者具备更多的协作机会，推动技术宣传及沟通，促进研究和生产水平的提高，为联盟实现可持续技术创新奠定了基础。

（4）经费保障机制

日本产业技术创新联盟的研究费用由参与成员共同支出，结合政府的支持。联盟大部分是出于落实政府的开发战略而组建的，所以政府资助其实是联盟的重要资金来源。例如，1983年日本共有44个产业联盟开展研发工作，总研究预算为644亿日元，其中51%由日本政府资助。在超大规模集成（VLSI）技术研究组合中，总业务支出为720亿日元，其中通产省的补贴总额为291亿日元，占总成本的40%；另一个技术组合，超精密电子技术开发组织，政府资助金已达到总费用的95%。

3. 政府引导与支持方式

（1）完善相关制度

企业的技术合作联盟行为关系到多方利益、权利和义务、研发管理和竞争的公平公正等一系列问题，政府有必要通过相关立法为其发展营造环境并规范其行为。为此，自20世纪60年代初以来，日本政府逐渐建立与完善涉及产业技术创新联盟的相关法律规范。在推进产业界与学术界及政府方面共同合作开发产业基础性和共性技术上，日本不仅在宏观战略政策上给予基本的方向指引，更多将很多合作细节形成法案。

（2）给予优惠政策扶持

早在1948年日本政府就颁布了《工矿业技术研究资助提交制度》。自1950年以来，日本政府通过该项制度为民营企业实施应用研究、工业化测试和试制机械提供了30%~50%的经费资助。在对行业团体进行的资助中，政府优先考虑对工矿业技术研究提供资助以便形成联合研究，这对于弥补当时企业独立研发能力的不足、促成企业开展联合研究方面发挥了积极作用。1961年《工矿业技术研究组合法》颁布后，日本政府又先后出台了一系列政策来推动产业技术创新联盟的发展，如推出税收优惠政策、国家公共研究设施开放政策等。

（3）提供科技计划与项目倾斜

政府将产业技术创新联盟视为实施国家重大产业技术计划的主体，以及创建知识产权和制定重大技术标准的重要平台，因此，国家重要的工业技术开发和标准化项目通常以委托费或补贴的方式移交给产业技术创新联盟进行具体实施。日本经济产业省的主要工业技术研究和开发计划日益创新和变化以适应时代发展的需要，例如，20 世纪 60 年代的大型工业技术研发委员会制度、20 世纪 70 年代的阳光计划和月光计划项目、20 世纪 80 年代的下一代基础工业技术研发项目、20 世纪 90 年代的全球环境产业技术研发项目、工业科学技术研发项目等。从追赶欧美模式到自主创新开拓，日本产业技术创新联盟在国家科技基本计划中的定位愈加明确和突出，但实施的基本模式并未改变。

（4）制定长期科技发展战略

自 2001 年以来，日本政府不断发布与标准化有关的战略和计划。例如，日本经济产业省先后启动了“标准化战略和 27 个分区域标准化战略”（2001 年），“国际标准化活动基线强化行动计划”（2004 年），“国际标准化战略目标”（2006 年），日本政府知识产权战略总部启动了“国际标准综合战略”（2006 年）等。2006 年 4 月实施的“第三次科技基本计划”也强调了从研发阶段考虑标准化问题的重要性，并提出必须在研发计划中明确界定知识产权战略和标准化战略。该系列从国家发展战略角度全面推进国际标准战略与行动计划，为技术标准联盟等产业技术创新联盟提供了良好的发展机遇。

4. 典型案例：VLSI 运作模式分析

由日本通产省组织的超大规模集成（VLSI）研发项目是政府、企业和研究机构之间合作的典型代表，其在日本政府、企业和学术界研究合作中实施重大科技项目的经验和实践，对其他国家政府组织实施重大项目也具有广泛的借鉴意义。

（1）有效的组织管理结构

VLSI 项目由五个级别的理事会、委员会和实验室组建实施，政府专家与高级管理人员一起在联盟中担任关键职位。在具体的项目研究中，VLSI 基于多功能性和基本性的特点，将研究分为微加工以及结晶技术等诸多方面，组建多个联合实验室进行研发。项目的核心技术为微加工技术，它所拥有的主要特征让其同联合研发极为相适，鉴于东芝以及日立等企业已然在该方面存在较佳的科研成果及基础，同时它们具有一定的竞逐关系，因此，让它们各自负责相应的实验室来确保共同利益，以此确保科研项目的有效落实。VLSI 属于一类线性功能组织模型，保留了职能部门自身的专业性优势，其共同开发模式的选取展示出参与企业的主动性。

（2）灵活的研究开发方式

通产省把共同技术充当联合开发技术的基本标准，所以 VLSI 参照执行，从诸多层面实施大量实验室研发。这些联合实验室的开发项目交由不一样的企业展开常规管控，同时借助分组的模式开展不同的主题研究。此类扁平式的管控手段不但促使合作开发的效率增加，而且形成了彼此间的相互竞争意识。此外，VLSI 主动强化同联盟外部的协作，同时把部分并不熟悉的信托代理开发项目以外包的方式交由其他专业化的科研组织。比如参与的企业包含佳能以及理光，两者为光学设备制造业当中技术领衔的公司，还有日本电子，在电子束扫描技术方面存在显著的优势。通过统计可知，在联盟运行阶段，VLSI 与近 50 家企业在产业链上建立了合作关系。

（3）政府的有力支持手段

在项目管控当中，通产省自始至终把技术开发的基础通用性作为是否可以展开协作的前提要求。尽管这种技术研发同企业的共同利益相符，但难度大和高风险性使得政府的参与和支持成为必要条件。一方面，政府通过提供高额补助对联盟进行资金支持，其一用于联合实验室的开发，其二用于公司内部的运用开发。另一方面，当地政府直接参与联盟的领导工作，例如作为代表加入联盟的最高领导决策机构——理事会中，对于联盟战略规划的制定落实进行决策。当地的专业人士在 VLSI 的许多其他关键职位上也担任职务，在国家重点开发项目上存在的充足管理经验以及在国家半导体技术开发上具备的较强影响力，使其获取大企业的高度信赖，强化了成员公司之间的凝聚力以及协作意识。

四、对中国农业产业技术创新联盟建设的启示

（一）推进产业共性技术研究

各国成立大型的产业技术创新联盟的总目标，都是为了提高本国产业竞争力，都以获取产业关键技术和共性技术作为成立各产业技术创新联盟的主要目标。农业产业技术创新联盟必须聚焦产业发展需求，推进产学研深度结合，紧扣农业领域优先主题和重点任务，围绕共性关键技术，集中力量加以突破。要把农业产业技术联盟构建的基点放在现代农业产业发展和竞争力提升的需求上，放在农业产业化龙头企业技术创新的重大需求上。

（二）企业要成为技术创新联盟的主体

技术创新与市场活动紧密相关，离不开市场机制的激励，因此，科技成果要转化为商品，必须掌握大量的工程知识和市场知识，而这些知识的积累必须

以大量的实践以及时间和资金的投入为基础。所以，要形成以企业为基础的应用知识生产系统，充分发挥企业在技术创新中的主体地位，鼓励企业在农业新品种培育、新产品开发、新业态拓展等方面加大投入，并从中得到实在的收益。

（三）政府应对联盟给予必要的财政支持

各国促进产业技术创新联盟发展的重点政策和手段，包括税收优惠、金融支持、合作风险专款补偿，以及政府采购、限制外来投资、进口管制、行政指导、技术协助等。在农业产业技术创新联盟发展中，对于农业关键技术、共性技术与前瞻性重大技术，政府可以以设立专项资金的方式支持这类技术的研发与创新，降低企业技术创新的风险，提高企业创新的积极性，同时，也从一定程度上缓解了农业产业技术创新联盟的资金压力。

（四）完善相关法律政策保障

完善的法律体系是国外政府强化、规范和支持产业技术创新联盟的制度保障。美国的技术创新和产学研联盟法律最为完备，在知识产权归属、利益分摊、科研人员奖励、促进技术转移上都有相关规定，为推动产学研联盟进行了法律上的规范与支持。政府要发挥积极的引导作用，按照农业科技发展的特点和需求制定支持和规范农业产业技术创新联盟发展的法律政策措施。

（五）畅通科技信息交流

美国非常重视科技信息的共享，积极推进科技情报网络的建设，广泛开展各种学会和学术活动，促进信息在研究实体间实现有效流动。农业产业技术战略联盟既要注重形成战略联盟的核心团队，保持战略联盟成员之间的有效合作和互动，又要注重建立与联盟外部的合作与交流机制，加强与相关企业、科研院所及高等院校的广泛联系和协作，强化合作与交流，促进联盟发展的开放性。

参考文献

黄存权，2018. 美日产业技术创新战略联盟的启示和借鉴——针对我国汽车产业［J］. 北方经贸（10）：25-27.

罗雪英，2018. 农业产业技术创新联盟合作系统运行分析——基于共生理论的视域［J］. 石河子大学学报（哲学社会科学版），32（1）：60-67.

报告 15

推进农业社会化服务业发展的国际经验借鉴

农业社会化服务是专业经济部门、乡村合作经济组织和社会其他组织为农、林、牧、渔各业的发展所提供的服务。国际经验显示，推进农业现代化的过程往往也是农业产业链延伸和农业服务化的过程。本研究在分析美国、荷兰、日本等发达国家农业概况基础上，重点介绍了各国农业社会化服务模式及运行特点，为我国农业社会化服务业发展提供借鉴参考。

一、美　国

（一）美国农业概况

美国位于北美洲中部，是典型的“人少地多”型国家，国土面积为 983 万平方公里（陆地面积为 914 万平方公里），总人口约为 3.2 亿人（2016 年）。美国土地肥沃，气候温和。根据联合国粮食及农业组织（FAO）统计，2016 年美国耕地面积约为 152.3 万平方公里，在世界排名第一，约占美国陆地总面积的 16.65%，同时，美国有牧场 560 万平方公里，约占陆地面积的 61.27%，而美国农业劳动力占比不到全国总人口的 2%。

美国农业主要分为种植业和畜牧业两大部分。其中，畜牧业主要以鸡、牛和猪为主，鸡肉、牛肉和猪肉产量分别位居世界第一、第一和第三位。2016 年美国鸡肉产量约为 1 870.83 万吨，牛肉产量约为 1 147.05 万吨，猪肉产量约为 1 132.02 万吨，分别占世界总产量的 17.39%、17.46%和 9.58%。此外，美国种植业以玉米、小麦、大豆、棉花为主，其次为烟草、马铃薯、燕麦、稻子、柑橘、甜菜等。粮食总产量约占世界总产量的 1/5，玉米、大豆、小麦产量分别位居世界第一、第一和第三位。2016 年美国玉米产量约为 3.85 亿吨，大豆产量约为 1.17 亿吨，小麦产量约为 6 285.91 万吨，棉花产量约为 1 005 万吨，分别占世界总产量的 36.29%、35.0%、8.39%和 15.37%。

美国农业快速发展，得益于以家庭农场为主的农地经营模式。美国农场主要包括家庭农场、合伙农场、公司制农场和其他农场 4 种类型，其中，家庭农场占据绝对主导地位。根据美国农业普查数据（2017 年），2017 年美国农场有 205 万个，其中小型农场（农场年收入低于 35 万美元）占 90%。美国家庭农场并非一直处于扩张之中。1998—2017 年，销售收入为 25 万~50 万美元农场的经营面积从 707.3 公顷降至 476.4 公顷，大规模农场（高于 100 万美元）的经营面积则从 1 235.3 公顷减为 857.3 公顷。

（二）美国农业社会化服务模式：私营公司+合作社

美国农业除农场主自我服务外，社会化服务体系是建立在大规模家庭农场基础上，主要依靠市场机制来保证体系的顺利运行。由于美国的农业社会化服务体系是在商品经济竞争中发展起来的，政府直接干预少，私营企业、合作社、政府部门等多元主体、多种形式共同竞争，形成了互为补充、相互协调的服务系统。

私营公司为农场主提供全链条服务。私营公司也是美国社会化服务的主体之一，在美国农业社会化服务中承担重要的职能。这些公司为美国农场主提供系统的购销、加工以及产中产后服务，在一定程度上也承担农业科研、技术推广及教育培训的功能。“私营公司+农场（农户）”是美国农业社会化服务的主要形式，比较有实力的公司主要有 ADM、邦吉、嘉吉等跨国农业服务公司。私营服务公司通过签订供销合同和垂直一体化，将农业生产的上游阶段和下游阶段包含在一个公司内。垂直一体化使得农产品加工公司扩展其业务至原材料生产，或者农业产品运输公司将其业务拓展到农产品加工领域，这样全方位的市场化运作，使得农产品可以最大限度实现商品化。根据农产品销售合同、农业生产资料购买合同，私营公司能够及时为农场主提供市场信息，有效调节农业生产结构，帮助农场主少走弯路。

合作社为社员提供农资农技和信贷理财服务。美国的合作社服务体系主要包括两个部分：一是农场合作社。根据提供的服务不同可以分为生产合作社、销售合作社和购买合作社，为农户提供销售、运输、信贷等农业生产托管，还发挥着联结政府、涉农教研机构的桥梁作用。二是合作农业信贷体系。在联邦政府农业信贷管理局领导下，由联邦土地银行、联邦中期信贷银行和合作社银行三大系统组成，通过会员入股来吸收存款，向农场主提供低息信贷服务，传授金融理财知识，帮助农场主提高理财能力，组织运行方式和机制上充分体现了互助合作的原则。

政府负责科技、金融保险等公共服务投入。政府公共服务部门主要是由农业部下属的农业研究局、农业推广部门、各州际合作部门、各州立大学农学院、州立农业试验站以及各县农业推广等部门共同构成，在联邦财政的支持下，为农业生产提供科技、金融保险及信息服务。美国政府很少直接通过行政手段干预农业发展，农业支持主要是通过服务实现的。美国政府通过立法和财政支持，为美国农业发展提供长期的制度安排，在农业服务体系中处于基础性地位。美国政府支持政府联邦农作物保险公司、商业保险机构参与农作物保险业务，补贴保险公司保费及运营费用。政府还成立非营利性的农业保险服务性组织——农作物保险协会，为农民提供农作物保险的法律援助和政策指导。美国各级政府通常负责投资大、收效慢的基础设施等服务项目，如交通运输、仓储设施、能源供应等物质基础设施以及农业教育、科研和推广、农业保险等社会基础设施。另外，农业部还提供全国农业统计服务，及时收集、整理出版国家和州级的农业统计数据，帮助许多发展中国家发展统计数据的信息服务。

二、荷　兰

（一）荷兰农业概况

荷兰位于欧洲大陆的西北部，就其国土面积和地理位置而言，荷兰只是一个“海边小国”，但就其经济发展水平而言，荷兰是世界上经济最发达的国家之一。特别是在农业方面，荷兰自1989年以来一直是世界第三大农产品出口国，仅次于美国和法国。在过去几年中，由于法国农产品出口量略有下降，荷兰农产品的进出口量继续保持增长，如果单以净出口量计算，荷兰甚至超过了法国排名世界第二。

就欧盟现有的成员国农业状况而言，荷兰在耕地、农业劳动力和农场规模方面没有明显的优势。荷兰农业产品的产值在国内经济中的比例与其他成员国所占比例的差别不大。相比较其他成员国，荷兰的特点是人均耕地较少，平均只有0.126公顷（约1.89亩），但荷兰农民通过“大进大出”的策略来利用自己的优势。荷兰通过改善农业结构，用知识和资金取代土地耕地面积，并利用适合本国国情的农业技术增加农业产出。

荷兰由于耕地不足，促使其比任何国家都更加注重提高劳动生产率。荷兰创造了传统农业难以想象的高农业劳动生产率，农业劳动生产率与国内平均劳动生产率之比为 0.93，明显高于其他欧盟国家，成为许多国家发展高效农业的典型例子。现今荷兰共有 12 万个农场，其中种植业平均每个农场 50 公顷，畜牧业平均每个农场 40 公顷，园艺业平均每个农场 2 公顷，各种农场平均规模为 16 公顷，合 240 亩。这种较大规模并连成一片的农场适合采用集约化、规模化的生产方式，寻求规模效益。

（二）荷兰农业社会化服务模式：合作社+商业公司

荷兰政府将农业定位为持续、独立、具有国际竞争力的行业。建立了销售服务导向下，政府科教推服务、拍卖公司销售服务和合作社生产服务共同构成的农业社会化服务体系。

合作社是农民组织化的主要形式。荷兰农业的经营主体是家庭农场，大型农业企业较少。由于生产规模小，市场竞争力偏弱，农民的权利得不到保障，因此，农民自发地组建了各类农业合作组织。它们共同采购农业生产资料，加工和销售农产品，筹集资金以降低投资成本，提高产品收入水平，使农民在激烈的市场竞争中获得最大的经济效益。荷兰的农业合作社也是“法定产业组织”，即以各种协会的形式存在。可以划分为“行业协会”和“商品协会”。这些协会将农民团结起来，以加强农民的政治地位和社会地位，有助于从根本上保护农民自身利益。荷兰农业合作社与农民有着深层次的利益关联，各种合作社都非常清楚自己的职责，并热衷于为农民服务。大多数荷兰农民参加 3~5 个合作社，同时以缴纳会员费的形式确定与合作社的关系，并获得各种所需要的帮助和服务。荷兰农民和合作社之间通常存在良好的互信关系。以销售合作社为例，合作社和农民之间有收购或者出售特定比例商品的义务和责任。合作社为农民提供服务不以营利为目的，但在市场上，合作社追求利润最大化，为合作社成员谋求最大的利益。扣除各项合理费用后，合作社将根据会员销售产品的销售比例将利润返还给他们，这表明合作社与农民之间的利益是完全一致的。

商业公司负责农产品销售流通服务。商业公司也是社会化服务供给方的重要部分，在农业基础设施建设、农作物种植培养、害虫防治以及产品销售等各环节都有商业公司参与。其中，最具代表性的是荷兰农产品拍卖市场和与之配套的拍卖公司。拍卖商品种类繁多，除了各种花卉、水果和蔬菜的经典品种，一些新品种只要符合市场的相关规定，都可以在拍卖市场进行拍卖竞价。首先，拍卖市场更好地解决了农民与市场的供需直接对接问题，有助于形成公平竞争的市场环境。拍卖市场建立了严格的质量检测体系，指导农民按照标准体系对产品进行选择，然后分类和包装，并提供储存设施和冷库设备服务。此外，拍卖市场还会进行有效的市场调研、市场分析和销售管理、海内外销售推广等，为生产经营企业提供供求信息，保障了市场经营的稳定，大大降低了经营者风险性。

政府提供科技金融服务，重视生产过程管理。荷兰有着相当发达的农业科研、教育和推广系统，这三项被誉为荷兰农业发展和一体化经营的支柱。荷兰农渔业部为面向农民的教育和农业技术推广服务提供相应的资助。为了解决农民的融资问题，荷兰政府建立了三条重要农业渠道。第一，建立农民合作金融制度。政府允许成立农民合作银行，为社员提供信贷支持好各类金融服务，不干预银行的经营活动。目前，荷兰有的农户90%以上的信贷来源于农民合作银行。第二，建立农业担保基金，为了方便荷兰农民的融资，荷兰政府在第二次世界大战后设立了农业担保基金，主要为从银行借款并提供担保的农民提供贷款服务。第三，设立农业安全基金，以帮助遭受自然灾害的农民。荷兰政府重视农业生产各个环节过程管理，而非目标管理，每一环节制订严格的标准，从而保证了农产品品质稳定性。

三、日　本

（一）日本农业概况

日本是一个典型的人多地少的国家，据日本农林水产省2017年最新统计，日本国土面积约为37.79万平方公里（其中水面积率达到0.8%），居世界第六十二位；而日本人口1.27亿人，居世界第十位。人多地少的基本条件制约了日本不能像美国等国家一样建立大规模的农场，但日本也实现了农业的高度现代化。据日本农林水产省2017年统计数据，在农业产值方面，日本农业总产值为9.2万亿日元，其中畜牧业达到3.12万亿日元，渔业为1.59万亿日元，林业为0.45万亿日元，说明日本的农业以种植业为主，其产值占到日本农业总产值的接近一半，以种植水稻为主，小麦和大豆也有种植。

日本农业经济主要以农户间联系紧密的、以自耕为主体的小农规模经济为主。日本农业的基本生产单位是家庭，实现了生产与生活时空上的一致。在家庭之间，一方面共同占有生产工具，共同管理村有土地、水、设施等财产，另一方面又存在私有的耕地、生产用具等，社会生活呈现“生产手段共同占有”和“家庭生活私有”两种特质共存的状态。随着日本经济的高速发展，兼业农户也是日本农业的一大特点。兼业农民类似我国的农民工，但是日本兼业农民具有较高的工作技能，他们在保留农地的情况下，通过进入城市工作获取农业以外的收入。

（二）日本农业社会化服务模式：自我服务+农协服务

日本国土面积小，家庭农场平均面积不足3公顷，农业主产区北海道面积略大，为28公顷，其余地区为2公顷。日本为小规模农业，但小规模、小型农机普及率比较高，生产环节以自我服务为主，服务外包比例不高。除此之外，农户所需要的其他服务，都依靠农协来完成。

日本农协发挥重要服务作用且影响力巨大。在政府的大力扶持下，日本建立了以农协为载体，由基层农协、农联会和农协中央会三级构成的农业社会化服务体系。农协提供服务主要有五方面：一是农业生产指导。帮助会员定制产前生产经营计划，避免品种种植单一或重复造成价格波动。二是生产资料供应，为了改变农户在购买农业生产资料时的弱势地位，日本农协在农户购买生产资料的过程中扮演中间人角色。农协主要是以会员为对象，代理生产资料和生活资料的购买，农协与生产资料供应商展开谈判，通过大量交易得到廉价商品。农协还集中购买大型设备，有偿提供社员使用。三是农产品的收购和销售。农协对农户生产的农副产品实行无条件委托销售，即农户不是把产品卖给农协，而是委托农协销售，不附加任何条件。委托销售的农产品卖什么等级、价格均以市场成交情况为准，避免了各个农协会员之间的相互压价竞争，保护了农民的利益。农户约有60%的农产品通过农协进入市场。四是农村金融服务。日本农户入股参加基层农协的信用合作社，由农协负责为农户提供低息信贷服务。农协要求会员把销售款及分红的一部分存入农协。农协贷款不以营利为目的，解决农户生产性和生活性支出资金不足问题。五是农业科技服务，“政府+农协”的农业科技中介服务体系是日本农业发展的主要亮点。各都道府县都成立了农村科技服务中心。邀请农业科技专家讲授现代技术，设立专项经费奖励农业科研和农学院学生。农业协会引进先进的农业设备和技术，日本中央政府及以下各级政府均给予相应的资助，资助额度最高可达 80%。

日本政府提供公益服务并履行监督职能。除了农协之外，政府也为农业提供社会化服务。首先，日本政府提供直接的资金补贴，其中最直接的补贴方式就是实行农田水利建设和农业保险补贴制度。日本政府预算中，有专门的“农田基本建设款”，由政府出面直接兴建大型农田水利工程。日本政府主要是对投保人、经营者和再保险组织进行财政补贴。无论是自愿保险还是强制保险，都享受政府补贴，费率越高，补贴率越高。其次，研究机构、农业改良普及中心等提供农业教育和科研服务，日本的农业教育主要由日本中央政府和各级地方政府开设的农业高中、农业大学、农业技术学院、农业改良普及中心、农协、青年俱乐部共同完成，并且提供各种专业进修、农业试验、实习、海外留学等途径提高农业从业者的知识和技术水平，成为培养农业从业者的重要基地。日本政府还制定了详细而完善的农业相关法律，为农民利益提供保障。

四、对我国农业社会化服务业发展的几点启示

（一）加强政府农业基础设施和公共服务投入

农业基础设施条件和农业科技、教育、信息、保险等公共服务水平，直接关系到劳动生产率的提高，对社会化服务具有很大影响。在服务主体实力相对薄弱的发育初期，不能指望社会化服务主体进行大量投入。国际经验显示，政府是农业基础设施和公共服务投入的主体，为农业社会化服务事业发展奠定良好基础。美国政府重视农业基础设施建设、农业基础性研究和教育投入，并承担联邦农作物保险公司的各项费用，吸引商业保险机构和人员参与农作物保险业务，对商业保险公司保费及运营进行补贴。荷兰政府的服务集中在农业融资和金融担保，荷兰政府相当重视发展农业教育及农业科技的研究和应用，建立了农民合作银行、农业担保基金、农业安全基金三条重要农业融资渠道，解决农民的融资问题。日本政府负责兴建大型农田水利工程，并为其他农田水利建设和农业保险提供直接补贴，出资建立农业教育培训机构，为农业科研、技术推广提供补贴资金。各国对农业基础设施和公共服务方面的保障性投入，为农业社会化服务的发展奠定了良好的基础。

（二）推动合作社规范发展和提升服务农户能力

合作社作为提供农业社会化服务的主要力量之一，经济上与农民有密切联系，为社员提供各种服务并为农民发声。各国政府都非常重视发挥合作社的组织带动作用，充分尊重其自主经营权，在税收、信贷等政策上多方扶持，不断提升合作社服务能力。荷兰的农业合作社也是“法定产业组织”，即以各种协会的形式存在。合作社负责采购农业生产资料，加工和销售农产品，筹集资金以降低投资成本，提高产品收入水平。日本的农协组织非常庞大，几乎垄断了现代农业经营所必需的各种社会化服务。美国农业服务主体中，合作社占有重要地位，为农户提供销售、运输、信贷等生产过程中需要的各种服务。这些合作社成立初衷都是为专业化生产农户提供服务，因此，推进合作社治理制度规范化、提高社员参与度是合作社服务本源。随着产业发展和需求增加，服务领域不断向资金融通、销售、供应、加工和储藏等领域延伸，服务不断得到了强化。

（三）鼓励产后服务实体参与农业社会化服务

具有产后销售能力的公司从事农业服务，利于引导农户生产机构调整、规范农业生产过程，增强了整个产业链的活力，对于农业产业化发展具有重要作用。美国私营服务公司通过签订供销合同和垂直一体化，将其与农场主结合为一体。美国三大农业跨国公司运作渗透到农业生产的每个环节，从产前、产中、产后的农业技术服务，到生产中所需的各种农资，最后到农产品的深加工直至进入市场，都有完整的市场化运作体系。农产品市场化过程中建立发达的物流系统及专业零售终端，其中每个环节的参与主体都以追求利润最大化为目的，实现高效的农业产业发展、农产品市场化服务。荷兰的农产品拍卖市场和与之配套的拍卖公司，提供产品销售、分级保障、仓储物流、销售信息等服务，引导农业生产结构调整、标准化、高质量农产品生产，为荷兰农产品国际竞争力的持续提供了有力保障。日本农协无条件负责农户所生产的农副产品销售，委托销售的农产品卖什么等级、价格均以市场成交情况为准，避免了各个农协会员之间的相互压价竞争，保护了农民的利益。在农业市场化、社会化背景下，需要鼓励具有产后带动能力的企业参与社会化服务，弥补农户在仓储烘干、销售加工等环节能力不足的短板，提升农民种粮积极性，带动整个产业发展。

（四）强化农业领域保险信贷服务

农业生产高风险和准公共产品特性，决定了不能完全依靠市场机制来提供，需要政府的支持和建立运营高效的农业金融制度，强化农业领域的保险信贷服务。美国政府财力支持联邦农作物保险公司、商业保险机构开展农作物保险业务，还成立农作物保险协会，为农民提供农作物保险方面的法律援助和政策指导。荷兰政府建立了农民合作银行、农业担保基金、农业安全基金三条渠道，解决农民融资难题。日本农协建立的农村合作金融制度，为农户的生产生活提供了方便的金融支持。国外经验显示，政府为保险机构提供经营管理补贴、利税优惠和再保险等资金支持及政策保障，鼓励发展农民互助合作保险，满足农户生产投入资金需求。

参考文献

陈慈，陈俊红，龚晶，等，2018. 当前农业新业态发展的阶段特征与对策建议［J］. 农业现代化研究，39（1）：48-56.

陈香玉，龚晶，陈俊红，2017. 科研院所视角下农业科技政策改革的若干思考［J］. 科技管理研究，37（16）：130-135.

党国英，2016. 中国农业发展的战略失误及其矫正［J］. 中国农村经济（7）：2-14.

何军，顾皓，2016. 农户社会化服务体系参与程度的影响因素——基于苏北种植业的实证分析［J］. 江苏农业科学，44（1）：452-455.

贺雪峰，2017. 保护小农的农业现代化道路探索——兼论射阳的实践［J］. 思想战线，43（2）：101-111.

胡新艳，杨晓莹，吕佳，等，2016. 服务外包与我国南方地区农业机械化发展——理论逻辑与经验分析［J］. 中国农业资源与区划，37（3）：162-168.

冀名峰，2018. 农业生产性服务业：我国农业现代化历史上的第三次动能［J］. 农业经济问题（3）：9-15.

姜长云，2016. 关于发展农业生产性服务业的思考［J］. 农业经济问题，37（5）：8-15.

李芸，陈俊红，陈慈，2017. 北京市农业产业融合评价指数研究［J］. 农业现代化研究，38（2）：204-211.

刘建峰，段洪洋，禹绍国，等，2017. 省市县协同联动农业技术推广模式研究——以广东省农业科学院实施国家重大农业技术推广项目为例［J］. 广东农业科学，44（9）：167-172.
芦千文，2019. 农业生产性服务业发展研究述评［J］. 当代经济管理（3）：38-44.
芦千文，姜长云，2019. 日本发展农业生产托管服务的历程、特点与启示［J］. 江淮论坛（1）：59-66.
罗建利，邱春晓，郑阳阳，等，2017. 三种农业技术推广模式的博弈模型分析与比较［J］. 云南农业大学学报（社会科学），11（1）：18-25.
孟莉娟，2016. 美国、法国、日本农业科技推广模式及其经验借鉴［J］. 世界农业（2）：138-141.

报告 16

法国家庭农场与农业合作社发展经验借鉴

虽然法国国土面积不足 100 万平方公里，但法国的农业发展却在世界上处于领头地位，特别是在家庭农场（Family Farms）和农业合作社（Agricultural Cooperatives）发展方面，拥有悠久的历史和独到的经验，值得中国借鉴。本研究从法国的家庭农场和合作社的发展特点出发，全面阐述法国农业合作社的组织管理特征以及政府支持保护的方向与重点，在此基础上，结合中国农业发展实际，提出具有针对性的政策建议。

一、农业合作社等主体发展的基本情况

法国是欧盟最大的农业生产国，也是世界主要农产品和农业食品出口国，拥有 29 家全球 500 强企业。据法国农业部资料：2017 年法国农业产值 718 亿欧元，同比上升 3.2%。农业人口约 90 万人。农业用地 2 884 万公顷，约占国土面积的 54%。农业分区和产业结构为：中北部地区是谷物、油料、蔬菜、甜菜的主产区，西部和山区为饲料作物主产区，地中海沿岸和西南部地区为多年生作物（葡萄等水果）的主产区。法国已基本实现农业机械化，农业生产率很高。农业食品加工业是法国对外贸易的支柱产业之一。2017 年主要农产品产量如下：粮食作物 5 420 万吨（其中小麦 2 930 万吨，玉米 1 190 万吨），马铃薯 700 万吨，油料作物 630 万吨，蛋白质作物 80 万吨。2017 年畜牧业存栏数：牛 1 940 万头，猪 1 270 万头，绵羊 700 万头，山羊 130 万头。

（一）家庭农场现状和特点

1. 大量小规模家庭经营个体农场

随着欧洲共同体一体化进程，法国农业经营长期以小规模家庭经营个体农场为主的局面并未得到改变。例如，法国占地面积小于 20 公顷的小农场占农场总数的 2/3，农业经营大多属于个体农民。个体农场经营规模小，交易成本高，使农产品竞争力不强，农民收入得不到增加。为避免农业发展过程中出现农民弃农现象，给法国农村经济、社会和环境带来负面影响，政府通过寻求个体农场联合经营方式组成农业合作社，增强农民产品竞争力和提升抵御农产品市场风险能力，降低农业经营风险，增加农民收入，促进法国农业经济的迅速发展。

2. 倾向于购买农业社会化服务

家庭农场是近年来提出的一种新型农业经营主体，主要依靠家庭成员从事规模化、集约化、商品化生产经营，从而获得农业收入。根据法国农会提供的信息，法国大约有 50 万个家庭农场，农场平均使用劳动力 1.5 人。同时，过去由一个农场完成的全部工作，如耕种、田间管理、收获、运输、储藏、营销等，现都由农场以外的企业来提供社会化服务，使农场由原来的自给性生产转变为商品化生产。在农业服务体系日益完善的情况下，法国家庭农场的专业化发展也进一步加强。

3. 大型农场专业化程度很高

在法国，中小农场占很大比重，专业化程度很高，这些专业农场大部分只经营一种产品，突出各自产品特点。如今，法国家庭农场专业化生产体系已经基本成型，其主要内容包括谷物农场、水果农场、蔬菜农场、畜牧农场等。目前，60%的法国家庭农场从事谷物经营，11%的家庭农场从事花卉经营，8%的家庭农场从事蔬菜经营，5%的家庭农场从事养殖经营，5%的家庭农场从事水果经营，其他农场则采取多元化经营策略。

（二）合作社现状和特点

截至 2018 年，法国农业合作社年营业额达 1 650 亿欧元。法国农业合作组织已覆盖农业和食品行业的上中下游各环节，不仅是法国农业和食品行业的重要组成部分，在农业保险、金融、投资、信贷等领域也扮演重要角色，也对农业生产、服务、加工、流通、农技推广、农业教育培训等各方面起着重要作用。其特点主要表现为以下方面。

1. 坚持自愿入社、民主管理、对内服务、对外经营

法国农业合作组织是一种具有合作性质的组织机构，奉行自愿入社、民主管理、对内服务和对外经营的原则。自愿入社是指农户自主决定是否加入农业合作社组织，由农户自主申请加入，合作社组织审核、批准。民主管理是加入农业合作社的每一个社员都拥有参与和表决合作社共同事务的权利，权利大小取决于每一个社员平等投票权或出资比例。对内服务是指合作社成员内部服务是免费和共享的，留足公积金和发展基金后返还盈余。对外经营是指对合作社成员以外的企事业单位提供服务是以营利性为目的。

2. 由传统服务过渡到现代农业全方位服务领域

法国农业合作社传统服务一般局限于为社员提供农产品物资采购、农产品销售、农技推广和服务等领域；随着科技革命和经济的快速发展，对农业合作社服务提出了进一步要求，使农业合作社的服务领域得到拓展，范围扩大到为社员提供农产品加工、储存、运输、财税、金融、科技、保险、法律咨询、政府游说等农产品生产各环节的全方位领域，完善了农业合作社现代服务体系。农业合作社组织集合了集体智慧的结晶，在农业专业知识方面拥有个体农场所无法比拟的农业技术和经营管理人才，具有监测和预判农产品市场价格信息能力，农产品市场价格议价定价能力，与政府部门机构争取扶持政策的谈判能力。农业合作社组织充分发挥团体力量，增强农业决策的科学性，合理规划农业布局，增强农业抵抗各种风险的能力，切实维护农户根本利益。

3. 服务的内容涵盖法律、税务、环保和土地等多方面

法国按照组建模式、功能、经营种类的不同划分出了形式多样的合作社组织。归纳来看，有生产性、流通性、农业信贷和技术指导服务 4 种类型，共同特点是以服务社员为根本目的。其中，服务的内容涵盖法律、税务、环保和土地等多方面的咨询和培训，并注重与技术性组织的合作，从而帮助解决科技问题，以此维护广大社员的切身利益。农业合作组织在推进法国农业现代化和实现农业强国过程中扮演了重要角色，对内提供农产品生产资料，加强农户现代化知识教育培训、传播现代农业科技信息，提供农产品市场价格销售信息；对外销售社员农产品，代表社员游说政府给予优惠政策和参与国际社会交流，统一派送农户剩余劳动力。农业合作社在农业生产过程中连接农产品生产和销

售，成为市场和农户的核心桥梁，通过集合农户集体的力量，增强对外议价定价能力和市场话语权，能够及时避免农户面临的市场风险，提升农户农产品的竞争力，从而维护农户的根本经济利益。

二、农业合作社等主体的法律法规和支持政策

（一）相关法律法规十分完善

1. 充分重视合作社的法制建设

20 世纪 40 年代以前，法国农民专业合作社是参照农业信贷的有关法律来执行的，1943 年 9 月 4 日，通过了专门的农民专业合作社法律。随着经济发展和外在条件的改变，这一法律不断修改完善。1960 年，法国颁布了《农业指导法》，促进了一些组织性较弱的部门，如肉类加工、水果蔬菜等建立合作社；1962 年，法国颁布了《农业共同经营组合法》，鼓励已经合并的农场进一步改造，并建立集生产、加工、贸易三位一体的农工合作社，它将合作社的原则灵活变通处理，允许合作社与非合作社成员发生商业往来，制定出来的法规有利于合作社在新形势下发展和维持与深化合作社运动。每个合作社都是按照合作社法，根据经济需要形成的，都有自己的章程，成员进出自由，领导人选举产生，内部实行民主管理、独立经营、自负盈亏。经过长期发展，形成了基层合作社、地区合作社、中央合作联社三级体系结构，它们都是独立的法人，相互之间没有隶属关系，产权关系明晰，成员的合法权益不受损害。

2. 《农业指导法》指导农业和农村发展

主要内容为：①推广先进技术，合理利用土地及其他农业资源，提高农业劳动生产率。②消除从事农业和其他行业在收入上存在差别的原因，“使农业公平地参加利润分配”，并保证农业劳动者享受有效的社会保险。③调整农业结构，通过向老年农场主提供“退休终身补贴”的办法，鼓励其放弃经营或自动卖出农场，以扩大经营规模。此外，在支持农产品出口和开发山区及落后地区方面也出台了若干措施。《农业指导法》在实施过程中，法国政府和欧洲经济共同体提供了大量投资、贷款和补贴，对缩小法国城乡收入差别、加速土地集中，促进农业生产增长和农业现代化进程起了相当重要作用。

（二）政策性信贷与合作性信贷结合

1. 政策性金融和合作性金融分工协作

政策性金融侧重于支持投资回收期长、风险较大的中长期农业经营性项目，实行商业化运作；合作性金融侧重于支持商业可持续的较短期农业经营性项目，按照商业可持续原则自主开展农村金融业务；而法国最大的银行——农业信贷互助银行实际上又执行了政策性金融和合作性金融的双重职能。在各种农民专业合作社创办时，政府给予投资津贴，例如，共同使用农业机械合作社在成立时，政府给予 2.4 万~3.0 万欧元的启动费（因成员人数多少而定），对于共同使用农业机械合作社购买机械，根据类型不同，政府提供相当于购买价值 15%~25%的无偿援助。同时免去其应交的工商利润税、营业税和地产税；对于农业共同经济组织给予财政补助、税收回扣等援助；对于销售组合，在创办后三年内给予财政津贴，优先提供资助。

2. 各种金融机构共同支持农业农村发展

法国支持农业农村发展的金融机构主要是法国农业信贷互助银行，其体系比较完整，首先是中央农业信贷银行，也就是法国农业信贷互助银行总行，其次是省农业信贷互助银行，最后是地方农业信贷互助银行。法国的《农业方针法》及《农业方针补充法》都规定国家要对农民专业合作社给予贷款优惠政策。法国合作银行负责发放国家对农业的优惠贷款，占市场份额的 90%。对于农业共同使用机械合作社，特别是在山区和经济条件差的合作社，可享受年利率为 3.45%，最长期限可达 12 年的优惠贷款；在平原地区，可享受年利率为 4.7%，最长期限为 9 年的优惠贷款。其贷款限额为：15 人以下的为 200 万法郎，15 人以上的为 275 万法郎。优惠利率与普通利率之差由政府补贴。

（三）强制性保险和互助性保险结合

1. 实行“低费率、高补贴”政策

法国不仅对农业保险部门的资本、存款、收入和财产实行免税政策，1990 年还制定了《农业保险法》，农业保险项目、保险责任、再保险、保险费率、理赔计算等事项由法律或法规确定。而对一些关系到国计民生的大宗农产品，如水稻、小麦、大麦等以及主要农业饲养动物，如牛、羊、马、猪等则实施强制性保险。同时，积极鼓励农业合作保险组织的建立和农村互助保险的发展。法国以农民互助共济为原则，在自愿基础上将防险与保险结合而组织起来的民间农业保险合作基金组织，具有保险、融资和福利 3 种功能。另外，合作基金组织还可以向政府机构和非官方协会机构进行农业再保险，以分散风险，获得足够补贴。法国对农村互助保险实行“低费率、高补贴”政策，农民只需缴纳保费的 20%~50%，其余部分则全由政府负担，以此保障农业保险中农民的利益。

2. 建立“金字塔”式的组织模式

法国农业保险作为一种政府行为，其运营经费和农险基金赤字都由政府直接补贴。在政府的支持下建立专门的“金字塔”式的政策性农业保险组织模式：塔顶为农业相互保险集团，负责政策的制定，并为省（地）级公司提供再保险；中层是 22 家地区或省级公司，拥有自己的营业网点和财务账目，对上获得农业相互保险集团提供的再保险，对下向互助保险社提供再保险业务；塔底是 9 000 家左右的互助保险社，基本覆盖了所有乡镇。政府对参保农户给予保费补贴，对农业相互保险集团给予管理费补贴，以支持农业保险的发展。设立农业合作保险组织。法国的互助农业保险社是将防险和保险结合起来的民间性农业保险合作基金组织。保险的种类多，并且是非营利性质的，农协通过其他保险筹集资金，以非农保险资金来供给农业保险，农民既可以是保险人，又可以是被保险人，通过这种方式达到了互助、共济的目的。

三、农业合作社的组织管理体系

法国全国合作社协会是法国农业合作社最高机构。法国农业合作联盟同时也是法国全国合作社协会的会员。全国合作社联盟由三级合作社组织构成（图 4-1）。

（1）全国性的专业合作社联合会

目前在法国有 19 个全国性的专业合作社联合会，几乎涉及农业所有的生产部门，如小麦、玉米、牛奶、畜牧等合作社组织。这种联合会具有垂直性质，是合作社按照产品或活动内容组建的。联合会由各会员社选派的代表组成全体代表大会，按照一社一票的原则选举联合会的理事会。联合会理事会主席必须是一个会员社的理事长，同时也必须是农业生产经营者。

（2）各地区合作社联盟

目前这类地区性的合作社联合会在法国有 18 个。是由同一区域内不同专业的合作社联合会组建的，负责合作社之间横向的联系，成为地区行业和管理

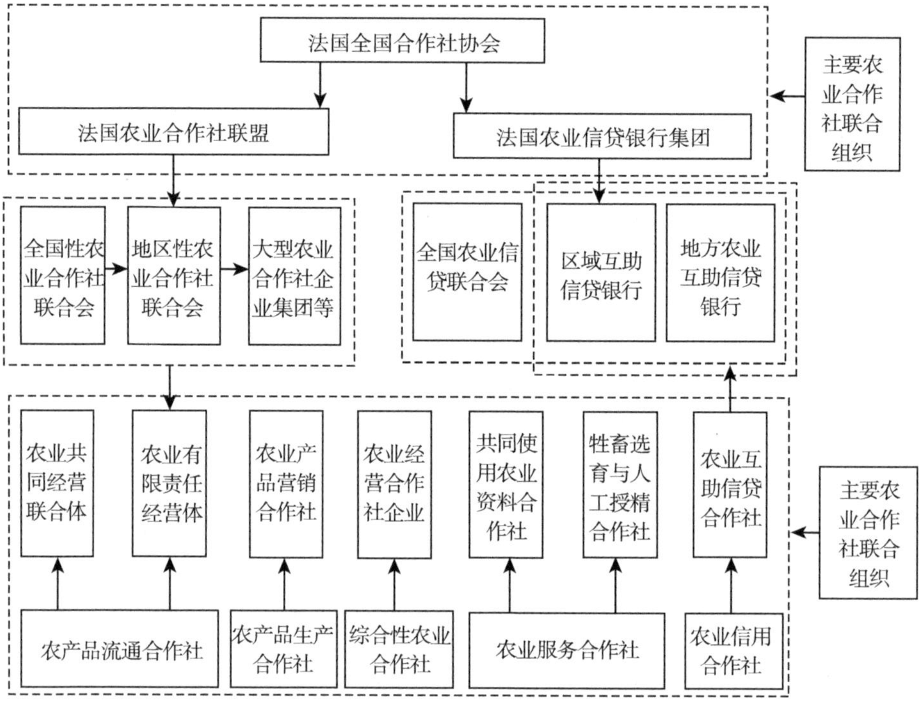

图 4-1　法国农业合作社的组织管理体系

机构的合作组织利益的代表，并为合作社会员提供发展、审核、培训等具体的服务。

（3）大型生产合作社以及一些农业集体利益公司

这部分包括 25 个大型合作社企业，这些企业都是跨国性公司，企业直接参与合作联盟，如法国 SODIAAL 牛奶公司、SIGMA 粮食公司、LIMAGRIAN 种子公司、SOCOPA 肉加工企业等。

四、对我国的经验启示

（一）加快农业保险体系建设

加快农业保险体系建设并设立相应的管理机构。法国的农业保险实行的是政策性与合作性相结合的支持体系。政策性农业保险不以营利为目的，是典型的准公共产品。从欧盟国家农业保险的运作实践看，在政府支持下建立不同形式的政策性农业保险经营管理机构的做法非常普遍。我国农村面积广、人口多，而中国开办农业保险业务的只有中国人民保险公司和新疆兵团保险公司两家，其他财险公司并未真正涉足。这两家的农业保险保费收入加起来占全国财险保险的份额微乎其微，远远不能满足农村经济发展的需要。虽然国务院颁布了《国务院关于保险业改革发展的若干意见》，确定要建立农业保险与财政补贴相结合的机制，但是并没有得到很好的落实。虽然有上海安信农业保险公司、安华农业保险股份有限公司等保险公司成立，但农业保险业务做得并不好。因此，我国亟须设立一个由政府支持的全国性、覆盖面广的农业保险公司，对农民专业合作社、农户生产经营提供相应的保险。国家应设立相应的管理机构，对一些成本高、风险大及农民个人无力全部承担的保险产险产品进行补贴，以此推动农业的发展。

（二）给予农场主土地和信贷支持

在信贷政策上，政府应当引导金融机构对农民的信贷方法进行升级，不断拓宽农场主的融资渠道，如允许土地经营权或大型农业机械作为抵押贷款。金融机构可以推出不同的金融产品，满足不同农户的贷款需求。在土地政策上，基本目标有两个：一是防止因小农经济而产生土地碎片化；二是防止资本投机导致的价格泡沫及非农利用，即要实现农地利用的效率与公平双重目标。法国经验对我国的土地制度与土地金融具有借鉴意义，在土地政策方面，政府应当出台相应的流转或托管政策，鼓励农民进行土地流转或托管，从而成立集约化、规模化的家庭农场。在法国，家庭农场一直是农业的经营主体。为了促进农业的快速发展特别是提高家庭农场应对来自欧盟以及世界其他国家的激烈市场竞争的能力，法国政府坚持大力发展各类农业合作社组织，并使法国很快发展成为欧洲农业强国和世界主要农产品出口国。这充分说明，发展农业合作社是使家庭经营农业适应市场经济发展要求的正确途径。在中国改革开放进程中实施的家庭联产承包责任制，确实极大地促进了农业生产力的解放与发展，但同时也造成了“一家一户”小规模分散经营的农业生产现实局面；而随着中国社会主义市场经济体制的建立和加入世界贸易组织，小规模分散经营农业已经难以满足日益扩大的市场发展需求，也不利于中国农业参与全球竞争。因此，中国应通过大力发展各类农业合作社组织，提高农民组织化程度和农业经营规模，并向农民提供农产品存储与购销、农业技术、农业信贷、农业保险、市场信息等服务，促进农民抵御市场风险能力的增强和农民收入的增加。

（三）重视农民专业合作社法制建设

法国非常重视对农民专业合作社的法制建设，在农民专业合作社发展初期就制定了《农业生产经济组织法》及相关法规，随着农民专业合作社的发展，又颁布了符合时代要求的《农业合作章程法》以及欧盟共同农业政策，并根据经济发展和外在条件的改变，不断修改完善。地方政府应因地制宜地制定地方性的法规和细则，依法促进农民专业合作社发展和规范化管理。我国在立法上仅有《中华人民共和国农民专业合作社法》，而我国合作社事业需要在工商业、农业、住宅、出租车等行业上多维拓展各种类型的合作社，制定各种行业合作社法，或制定一部框架上的囊括各种合作社类型的合作社法。法国政府不仅在补贴、税收、信贷、科研、教育与培训、国际交流与合作等方面向农业合作社组织提供全面支持，还通过立法和监管引导农业合作社组织向规范化、制度化方向深入发展，从而促进农业合作社组织的持续健康发展。而从我国来看，目前还存在对农业合作社扶持政策管理制度不健全且执行不严格、相关法律不完善、日常监管不到位等问题。因此，中国要健全现有的财政、税收、金融、用地用电、人才等方面对农业合作社扶持政策的管理制度，加强对扶持政策实施全过程的监管，提高扶持政策的实施效果；健全和完善农业合作社相关立法并切实加以实施，促进农业合作社的规范健康发展；加强对农业合作社经营情况的监管，准确掌握农业合作社的发展动态并适时加以引导。

参考文献

刘金东，2015. 法国农业合作社探析［J］. 企业导报（20）：12-13.

汪汇源，2020. 家庭农场发展经验的国际借鉴及中国家庭农场发展对策［J］. 世界热带农业信息（1）：20-25.

赵芳鋆，2017. 法国家庭农场与农业旅游的融合发展探析［J］. 世界农业（8）：206-209.

庄芳玲，2019. 家庭农场发展的影响因素及对策研究［D］. 福州：福建农林大学.

报告 17

芬兰家庭农场与农业合作社发展现状及经验借鉴

芬兰只有 550 万人口，但这个国家所需的粮食、肉类基本自给自足，80%的奶制品由本国生产，在农业问题上，即便加入了世界贸易组织和欧盟，芬兰仍然将粮食自给自足作为国策。芬兰的农业发展在世界上处于领先地位，特别是在家庭农场（Family Farms）和农业合作社（Agricultural Cooperatives）发展方面，拥有悠久的历史和独到的经验，值得中国借鉴。本研究从芬兰的家庭农场和合作社的发展特点出发，全面阐述其农业合作社的组织管理特征以及运行模式，在此基础上，结合中国农业发展实际情况，提出具有针对性的政策建议。

一、农业合作社等主体发展的基本情况

芬兰林业发达，农畜产品自给有余。农林密切结合，几乎所有的农户都经营一定数量的林地。在所有制关系上，私人拥有林地 1 330 万公顷、国有林地 660 万公顷、公司林地 190 万公顷、其他形式为 120 万公顷，分别占森林总面积的 58%、29%、8%和 5%。耕地约 229. 8 万公顷，从事农林业的劳动力为 9. 9 万人，约占总劳力的 4%。农业中种植业属于从属地位，主要保证牲畜的饲料，谷物的种植面积在减少，饲草的种植面积在增加。种植业以谷类作物和油料作物为主，水果蔬菜面积较少。谷物中以小麦和黑麦为主，小麦面积较大，产量较高。

（一）家庭农场特点

1. 农场通过租赁来扩大规模

1995—2010年，约有2/3的农场通过租赁来扩大规模。2010年，得到农业扶持的农场所拥有的耕地总面积为227.8万公顷，其中约有79.7万公顷（占比达到35%）的耕地属于租用耕地。2001—2010年，租用耕地的面积增长了12%。各地区租用耕地的差异很大：在拉普兰和奥兰省，租用耕地的比例超过45%。而在芬兰南部和中部地区以及博腾地区，租用耕地的比例不足33%。

2. 小农场趋于减少，大农场逐步增多

在过去15年中，面积小于20公顷的农场所占比例从56%降低到了42%，而面积超过50公顷的农场所占比例从7%增长到了23%。耕地面积超过100公顷的超大农场约占芬兰农场总数的6%。在农业生产成本不断增加的情况下，为了提高生产效率，农场之间在农业机械使用等方面的合作也将进一步加强。

3. 家庭农场呈现多种经营趋势

芬兰政府大力支持个体农场从事多种经营活动。进行多种经营的农场可以向本地区就业与经济开发中心申请资助。目前芬兰1/3的农场，特别是大型农场，除了种植粮食作物和饲养家畜外，都在从事多种经营活动，如林业、木材加工、农业机械出租、运输、建筑施工、食品加工、手工业及家庭小作坊和乡村旅游等。开展多种经营不仅使农场的生产方式多样化，而且一部分农场的规模在扩大，并进一步专业化，多种经营的收入在农场收入中的比例也不断增加。

（二）合作社特点

芬兰农村合作制有着悠久的历史，第一个合作社成立于1900年。目前，芬兰国内合作社共分为7类专业合作社，90%以上的农民参加了农业合作组织。芬兰农村的合作制有3个比较明显的特点：一是自上而下建立合作组织，先建立中央合作社，然后逐步向基层发展；二是以专业合作社为主，社区性合作社极少；三是合作社覆盖面广，并随社会发展和交通条件的改善规模逐步扩大。各种类型的合作社，在芬兰农业发展和农民生产生活中都发挥了一定的作用。芬兰部分农业工作者，还在试验和探索一种小型的社区性的农业合作组织形式。

1. 奶业合作社

全国约100个，覆盖芬兰牛奶生产、加工、销售的95%。其中规模最大的是瓦柳奶业有限公司。该社始建于1905年，目前社员包括2 500个奶牛场。据有关官员介绍，将来准备把100个合作社合并为30个，最后统一为一个就是瓦柳合作社。

2. 肉类合作社（屠宰场合作协会）

肉类合作社规模化程度大大高于奶业合作社。目前全芬兰共有5个肉类合作社，覆盖全国肉类销售量的3/4。

3. 蛋类合作社（蛋品生产者协会）

主要是开展合作销售业务。目前通过合作销售的蛋品约占总销售量的60%。

4. 生产资料合作社

生产资料合作社也是一种比较普遍的合作组织形式。主要针对一些大型农业机械，农场独家购置价格昂贵，也难以发挥机械效率。在这种情况下往往是若干农户联合购买，共同使用，组成生产资料合作社。

5. 蔬菜合作社

蔬菜合作社也是一种销售合作社，主要是为了抵制中间商的盘剥，提高竞争力，解决单个农户运销上的困难。销售合作社实际上起到中间商的作用，但并不参与利润分成。

6. 消费合作社

消费合作社目前困难较多，销售额占消费品零售额的30%~40%。

7. 信贷合作社

主要任务是帮助农民办理银行贷款业务。农民个人贷款较难，以合作社名义向银行贷款比较容易，所以信贷合作社对农民具有一定吸引力，近几年发展较快。

二、农业合作社等主体的法律法规和支持政策

（一）欧盟共同农业政策提供全面支持

欧盟共同农业政策是指欧盟成员国的共同农业政策，旨在稳定欧洲农产品市场，确保市场在合理价格下供应正常，同时保证农场主收入水平，欧盟预算

的38%被用于农业和农村发展。欧盟共同农业政策的基本思想是通过共同干预，阻止价格在欧盟内一定水平之下的下降，而通过进口税将进口食品的价格提高至欧盟水平。对于供给过剩部分，通过欧盟出口退税的方式出口至第三国。2011年，欧盟预算中由共同农业政策引起的开支超过总预算的40%。同年，共同农业政策下对芬兰农业的扶持金约13.35亿欧元。包括共同农业政策对种植作物和牲畜的扶持（5.41亿欧元）、对处境较差地区的扶持（4.22亿欧元）和环境扶持（3.72亿欧元）。

（二）农业补贴政策保持收入稳定

芬兰农业补贴政策主要根据欧盟共同农业政策规定的支持计划制定，包括直接补贴、环境欠佳地区补贴、农业环境补贴和国家补助4个部分。2012年，芬兰农业补贴支持总额为18.68亿欧元，与近年来的补贴水平基本持平，占本国财政支出的比重约3.6%。其中，欧盟共同农业政策补贴13.24亿欧元，包括直接补贴5.39亿欧元、环境欠佳地区补贴4.22亿欧元、农业环境补贴3.63亿欧元；芬兰本国用于农业和园艺方面的补助总计约5.44亿欧元。

1. 直接补贴

直接补贴主要按照2003年通过的单一农场补贴计划实施，预算全部由欧盟负担。补贴包括两个部分：脱钩的单一补贴和继续与生产挂钩的补贴。目前，芬兰大约90%的直接补贴与生产脱钩，以2006年基期耕地面积为补贴依据；同时对某些作物的挂钩补贴仍保留在580万欧元，约占10%。对哺乳母牛、公牛、母羊和淀粉用马铃薯继续实行挂钩补贴。

2. 环境欠佳地区补贴（LFA）和农业环境补贴

环境欠佳地区补贴（LFA）和农业环境补贴由欧盟和芬兰共同承担。欧盟某些农村地区被划定为环境欠佳地区，这些地区的补贴主要是确保该类地区的农业能持续下去、农村能有人居住。农业环境补贴则是对农场主采取措施减少因农业引起的环境负荷而造成的产量下降和成本增加给予补偿，补偿计划包括基本措施、额外措施以及特殊措施合同，主要目标是减少对水的污染，此外还限制有害气体排放、缓解农药使用风险、保护农村景观和生物多样性。在环境欠佳地区补贴和农业环境补贴中，欧盟资金占25%~30%，其余由芬兰国家支付。芬兰的环境欠佳地区补贴覆盖全部耕作地区，2012年环境欠佳地区补贴4.22亿欧元，3类不同区域每公顷补贴150~210欧元。

3. 国家补助

芬兰的国家补助包括北部补助、南部补助、环境欠佳地区额外补助和其他补助。目的是为芬兰不同地区发展农业生产提供条件。补贴水平及补贴地区间分配原则是在加入欧盟谈判时确定的，但补贴不能提高产量，也不能超过加入欧盟前的总补贴水平。为分配补贴资金，芬兰将全国自南向北分为 A、B、C 三类区域。北部补助仅在 C 区域实施，南部补助仅在 A、B 区域实施。2011 年，芬兰政府安排北部补助 3. 35 亿欧元，南部补助 8 400 万欧元，环境欠佳地区额外补助 1. 19 亿欧元，以及其他补助 2 300 万欧元。所谓北部补助是指芬兰加入欧盟时约定允许芬兰对纬度 62°及其周边地域给予补助，面积超过 140 万公顷，占芬兰可耕地面积的 55. 5%，具体内容包括牛奶补助以及按动物饲养头数和耕种面积给予的补助，温室生产补助，园艺产品、野浆果和蘑菇的储存补助。南部补助是允许对加入欧盟引起极度困难的地区给予的补助，但对极度困难没有定义，也没有措施的期限。芬兰认为是长期的，欧盟则认为是临时的。根据 2007 年 11 月谈判达成的结果，直到 2013 年芬兰既可以在南部实施国家直接补助，也可以对畜牧和园艺给予投资补助。环境欠佳地区额外补助是根据 2003 年芬兰和欧盟谈判达成的临时协议，从 2005 年起在芬兰全国实施的对可耕作区域的额外补助，不同区域每公顷基本补助标准为 20~25 欧元，牧场的可耕作面积每公顷补贴不超过 80 欧元。欧盟和芬兰共同承担的环境欠佳地区补贴加上芬兰的额外补助，每公顷最高补助不得超过 250 欧元。

（三）结构性扶持政策提供援助服务

1. 投资补助和提前退休补贴

农业投资补助和提前退休补贴的安排旨在促进农场规模的增长、减少生产成本。结构性补助的形式包含利率补贴、直接补贴以及国家担保。2011 年资助农场生产厂房建设的利率补贴贷款和青年农民购置不动产、动产的创业补助的利率补贴贷款达到 3 亿欧元，其中利率补贴为 4 100 万欧元。提前退休计划向年迈农民提供退出农场或生产的机会，将农场转交至下一代也可得到青年农民创业补助。2010 年向 542 户农场转交户发放了补助，比 2009 年多 47 户。2011 年包含结构性扶持在内的国家补贴总计为 1. 1 亿欧元。乳品和牛棚建筑的投资、青年农民创业补助、温室建筑投资以及与生产可再生能源相关的建筑投资均由欧盟共同农业政策出资，其他类型的投资补贴由国家出资。

2. 农场援助服务支持

每年全日制从事家畜养殖的农民有权享受26天的假期。社会事务和卫生部负责农场援助服务的组织、管理和监督。农场援助服务的目的是确保休假期间的耕作活动不间断，确保在疾病或事故情况下候补替代的可用性。2011年，拨给农民和皮草生产商用于援助服务的资金总计约2.19亿欧元。

三、农业合作社等主体的管理体系和运行模式

（一）农业生产者协会代表农场主与政府对话

农业生产者协会是全国性的农场主组织，有中央组织、地区（省）组织、地方（县）级组织。中央组织比较健全，设立有7个业务办事机构（林业、农业政策、非农化、农产品销售、农村金融、环境保护、研究所）。地区组织相当于省一级的组织。芬兰有16个地区组织，每个地区组织都有两个主要部门，一个是林业部门，一个是农业部门，还设有负责其他经济活动的机构。这些部门分别为农场主和林场主提供全面服务。地方组织相当于县级组织，其人员和机构设置基本上与地区组织相对应，直接为农场主和林场主提供服务。

农场主都是农业生产者协会的成员。生产者协会各级负责人由农场主选举产生，所以，有一些负责人就是农场主。生产者协会的基本任务，就是要为农场主创造良好的生产和经营条件。他们的主要工作是代表农场主与政府对话，例如就农产品价格与政府谈判等。同时，也对生产者进行一些政策和经营策略方面的指导，有时还搞一些促销活动，为生产者排忧解难。例如近年来羊肉生产量比较大，销售方面出现一些困难，生产者协会就计划在全国搞一次促进羊肉消费运动来帮助解决羊肉销售困难的问题。

（二）全国农村咨询中心协会提供咨询服务

全国农村咨询中心协会成立于1797年，已有近200年的历史。实际上这是一个遍及全国的技术咨询网。最基层是农场主，各村有俱乐部，县级建立咨询协会，省一级设立咨询中心。各级组织的负责人均由农场主选举产生。咨询中心聘有各方面的专家，包括种植业、园艺、畜牧、企业管理等方面的专家。全国咨询中心协会的专家，为省级专家提供支持，省级解决不了的问题可写报告请求中央级的专家给予支持和帮助。平时上级咨询中心为下级咨询中心、协

会提供一些信息和资料，并协调下级咨询部门与农场主的关系。咨询中心的经费来源，一方面来源于国家资助，另一方面来源于咨询费。咨询中心的主要工作包括商务开发和产品质量控制、农业开发设计和提供技术咨询、环境和农业资源保护、科技宣传和普及工作等。

四、对我国的经验启示

（一）鼓励农村发展多种经营

芬兰政府大力支持发展农村企业，鼓励个体农场从事多种经营活动。如进行多种经营的农场可以向本地区就业与经济开发中心申请资助。当前，芬兰1/3的农场，特别是大型农场，除了种植粮食作物和饲养家畜外，都在从事多种经营活动，如林业、木材加工、农业机械出租、运输、建筑施工、食品加工、手工业及家庭小作坊、乡村旅游和提供休闲度假服务等。开展多种经营不仅使农场的生产方式多样化，而且一部分农场的规模在扩大，并逐步走向专业化，多种经营的收入在农场收入中的比例也在不断增加。

（二）培育现代化的农场主

芬兰农场主不是一般的农民能够胜任的，需要有一定专业知识的管理经验以及熟悉有关的法律法规知识。国外农场主的学历一般为大学水平，具有较高的综合素质。而我国现在许多地方农业农村发展都面临着“农无传人”的困境，素质较好的农村劳动力纷纷转向农村非农产业或城市就业，农业经营者的素质普遍不高。因此，大力发展农村职业教育事业和加强农村经理人的培养，是提高家庭农场主及成员的文化素质、技术素质的商品意识、市场意识和经营管理水平的根本，有利于造就一大批现代家庭农场主和农民企业家。

（三）提高农业社会化和组织化程度

芬兰有90%以上的农民参加了农业合作组织，农业合作组织具有整套严密的管理体系。全国有农业生产者协会，可以代表农民与政府有关部门就农产品产量、价格、农民收入等问题进行协商谈判，并签订协议，通过下属专业协会贯彻执行。芬兰拥有比较健全的农业组织体系，这些组织为保障农民权益，促进农业的健康发展发挥了重要作用。中国应借鉴此经验，重点培育壮大农民专业合作社、专业技术协会等社会化服务主体，提高农民组织化程度，大力发展互助型服务和经营性服务。

参考文献

孙雁双，2001. 芬兰："合作公司+农户"［J］. 中国老区建设（12）：60.

徐艳文，2013. 走向合作化的芬兰农牧业［J］. 中国畜牧业（7）：58-59.

张天佐，李琳，李世武，等，2019. 法国、芬兰、丹麦农业合作社的考察启示［J］. 中国农民合作社（9）：8-13.

赵长春，2006. 芬兰传统家庭农场尝试多种经营［J］. 农村工作通讯（5）：63.

报告 18

日本农协提供农业生产性服务的经验与启示

很多发达国家在发展农业生产性服务方面积累了丰富的经验，但国内却很少有学者对发达国家农业生产性服务业的模式进行研究。在政府的支持和鼓励下，日本的农业生产性服务体系出现了重要的载体，即日本农协。本研究对日本农协生产性服务业的模式进行深入研究，并总结可借鉴之处。

一、日本农业概况

日本是一个典型的人多地少的国家，据日本农林水产省 2017 年最新统计，日本国土面积约为 37.79 万平方公里，居世界第六十二位；而日本人口 1.27 亿人，居世界第十位。人多地少的基本条件制约了日本不能像美国等国家一样建立大规模的农场，但日本也实现了农业的高度现代化。据日本农林水产省 2017 年统计数据，日本农业总产值为 9.2 万亿日元，其中畜牧业达到 3.12 万亿日元，渔业为 1.59 万亿日元，林业为 0.45 万亿日元，说明日本的农业以种植业为主，其产值占到日本农业总产值的接近一半，以种植水稻为主，小麦和大豆也有种植。由于土地资源有限，日本家庭农场的规模偏小，所以日本的农业发展更倡导精细化生态种植。在日本主要农业区，一县一品、一村一品开展了几十年。日本农民跳出靠卖农产品赚钱的藩篱，农业的每一个环节都可找到盈利点，比如稻田画，稻秆艺术品等。

随着日本经济的高速发展，兼业农户也是日本农业的一大特点。日本的兼业农民类似我国的农民工，但是日本兼业农民具有较高的工作技能，他们在保留农地的情况下，通过进入城市从事工作获取农业以外的收入。日本农业兼业深化现象的原因主要有两个方面：一是在日本农村除了北海道地区与其他地区的深山农村外，广大农村地区拥有可以每日从家中往返的就业机会，而这种就业机会的提供形成了以农业外收入为主的日本农户的收入结构。二是日本传统的“家族”与“村落”的意识，即农地是从先祖处传承下来的“家族”的家产，要将“家族”的家产持续传承下去，确保家产完好无损地延续下去。日本农业经济主要以农户间联系紧密的、以自耕为主体的小农规模经济为主。

二、日本农协提供农业生产性服务的经验

日本农协以自下而上的方式，分为町、都及中央三个层面，并在其基础上分别设立了不同主管的农协机构。日本农协作为一个综合型组织，负责农业生产服务、销售服务、金融服务等多项服务，在农业与农村发展中发挥重要作用，进而使其在经济、政治及社会各阶层中都有着非常大的影响力。

（一）农业生产指导

日本政府把大量的涉农业务委托给农协经办，农协围绕着专业化，开展了全方位的生产指导。大到农业发展总体规划、生产技术的提高、生产计划的制定、种植业结构调整等，小到农户选种育苗、打药追肥，农协都一手操办。

农协设有“营农指导机构”，聘用营农指导员，营农指导员普遍有较高的学历和较强的专业背景，以农协会员及其家属为对象，走村串户，提供信息，帮助农民制定增收计划，推广新品种、新技术，对农户的生产、经营等方面给予指导，以免农民盲目生产造成损失，手把手地解决生产中遇到的问题。农协积极开展有助于节省劳力、降低成本、提高生产力的农业相关技术的示范和传播活动，如输液滴灌系统和农业信息与通信技术，致力于开发新的栽培技术和栽培品种。

人多地少的国情和土地制度决定了日本农协不得不采取特殊措施。山地多，就设计适合山地的小型机械；水田多，就设计从水田整地、育苗、插秧、收割到烘干的全程化机械；小而散，就设计适合小家小户独自耕作的小农机。所有关于耕种前后的机械都为农民考虑到，每个农户都拥有所需的农机具，如收割机、喷药施肥机，以及土地起垄机、产品清洗包装机等。同时农家一般还设有一个专门用于清洗、整理、加工农产品的车间。这就使得日本农业机械化水平较高，农民种地也更轻松。

在日本，农协的育秧、孵化场、稻谷烘干、牛奶包装、冷藏设施，碾米

厂、选果厂、肥料加工厂、配合饲料厂、拖拉机、汽车修理厂、仓库以及加油站、生活用品配送站等都是为农民设立的，有利于促进农业的集约化和提高农业生产的规模效益，以保本价为农民提供服务。有的新产品、新技术，农民一时接受不了，农协甚至实行免费试用。农协同时还提供农业劳动的合作化（共同育秧、共同植保、共同收获等）服务，大力提倡农机共享租赁（共用大型联合收割机）、扩大蔬菜机租赁业务。近些年来，日本农村青壮劳力不断涌向城市，在地里干活的，除了老人便是妇女。对此，农协又伸出援手，把这些活儿接了过来，即以较为低廉的价格向农民提供劳动力和农机具等。这“一交一接”，无形中便实行了集约经营，优良品种、先进的耕作方式、新型农机具，便通过农协接手的业务，间接传到了农民手里。

（二）农产品销售

日本是家庭小农经营，农户在农产品流通过程中往往对市场行情不了解，农协承担了农产品流通的职能，成为流通服务的提供者。农协对农户生产的农副产品实行无条件委托销售，即农户不是把产品卖给农协，而是委托农协销售，不附加任何条件。委托销售的农产品卖什么等级、价格均以市场成交情况为准，避免了各个农协会员之间的相互压价竞争，保护了农民的利益。同时，还能够促进农协与中间商之间形成有计划的销售体制，使农协的生产更有组织性和计划性，使市场有稳定的供应，又避免盲目生产，确保农民收入的稳定。据测算，农民通过农协销售的农产品达到了农民年销售额的90%以上。

具体来看，农协将本村不同农户、不同时间收获的准备销售的产品都贴上条形码标签（包含了该农户姓名、农产品名称数量、日期等信息，万一发生问题就能够根据条形码标签查找并且分清责任）。每个村里的农协将本村各个农户分散的农产品有组织地集中起来，统一在农产品的销售大卖场（例如农村附近的城镇农产品市场、超市）租赁摊位，以本村统一的品牌（例如村名）集中统一销售，形成了以村为单位的农产品规模销售，使农民的产品直接面对消费者，使日本农民获得了价格上的“话语权”，不再受中间商的剥削，农产品流通领域的大部分利润自然就到了农民手里。同时，这种模式也保证了城镇消费者的切身利益，有利于农产品价格的稳定。此外，村级农协将本村和市场的农产品的销售数量和价格信息反馈给本村农户，有利于农户自动调节农产品的生产品种和数量，减少生产的盲目性，减少了农产品的卖难买难状况，有利于农业的稳定，有利于社会经济的稳定，一举多得。

日本的农产品加工技术相当先进，在此背景下，日本农产品的储存、物流及销售环节在整个农业再生产的环节中扮演关键角色。显然依靠农户个人很难负担起农产品的加工、储存、物流及销售环节，因此农协的地位得到了凸显。农协销售服务系统正是贯穿了农产品的加工、储存、物流各个环节。农协在流通领域的服务主要是通过以下 2 种方式实现的。①通过遍布全国的中央拍卖市场销售，一些保质期较短的水果、蔬菜往往通过此种方式；②通过全国各地的农协分会直接购买，基层农协建起了农产品集贸所，负责当地农产品集中、挑选、包装、冷藏，然后组织上市。农产品的销售，通常采取竞买的办法，只有那些出价高、信誉好的批发商，才能拿到出货单。目前日本农协系统共有集贸所几千个，此外还有不少全国运输联合会，下设庞大的运输组织。当然，农民也可以自己直接到市场出售农产品，但一些保质期短的农产品，路途遥远的农户还是需要农协的帮助。2018 年，农协为帮助农民销售农产品，设置了三个部门：销售计划部门、碾米业务部门和水果销售部门。

（三）生产资料供应

为了改变农户在购买农业生产资料时的弱势地位，日本农协在农户购买生产资料的过程中扮演了中间人角色。农协主要是以会员为对象，代理生产资料和生活资料的购买，农协与生产资料供应商展开谈判，试图通过大量交易得到廉价商品。谈判结束后，农协将订单经县经济联汇总后统一购买生产资料，农协专门建立了农技中心，对货物进行检验。农民从农协购买的生产资料，不仅价廉，而且确保都是优质品。农协送货到户，然后再将农业生产资料按照原来购入时候的价格卖给农户，各级农协只提取适当的手续费，这样就避免了农民在市场上的弱势地位，减少了生产资料流通环节，降低了成本。一般而言，通过农协谈判购买的农业生产资料比农民自己购买的价格更便宜。除了在价格上的谈判之外，农协还保证农业生产资料的质量，确保农业生产资料的安全，农协在购买生产资料之前要进行检验，检验合格后才购买，如果不合格，会与厂家协商，提出改进意见，否则，农协可以拒绝购买，从而保证了农民利益的最大化，据测算，农协供给农民的生产资料占农户总购买量的 74%左右。

（四）农村金融服务

日本农协的信用事业，也就是日本农协金融，主要包括存款、贷款（营农资金、生活资金等）、汇兑、决算服务等。日本农协金融是日本农村合作金融的主要表现形式，但日本农协的业务不仅仅限于金融，而是包括金融在内的诸多农业服务。日本农协的金融机构以信用合作社为主，直接与农户发生信贷关系，日本基层农协信用组织再入股组成信农联，信农联再入股组成农林中央金库，构建了一个以基层农会信用部为基础，以“中央农业金库”为上层机构的独立的农村金融体系，“中央农业金库”履行基层农会信用部的中央银行角色，承担资金融通、业务辅导、稳定农业金融秩序等职能。这三级机构之间不存在行政隶属关系，相互之间自主经营，独立核算，但上级组织可以指导下级组织的业务活动，在下级组织资金发生困难时，上级组织进行支持。农协、信农联、农林中央金库形成了多层次的合作金融体系，为日本农业的发展提供充实的金融服务。

具体来看，当一般的金融机构不愿意为农业生产发放贷款时，农协作为农民阶层的代言人，以农协自身实力为担保，农协代表农民向金融机构发出贷款申请，得到信用机构的保证，能够最大限度地融资。农协依靠三个方面来筹集资金：其一，农户融资，吸引储蓄存款；其二，借助“农林中金”，发行“农林债券”，从其他金融机构借款等手段吸收社会资本；其三，依靠政府的财政补贴。农协筹集资金后为农户提供低息贷款。日本农协给予农民利率优惠，例如日本农协的存款利率一般高于普通银行存款利率 1%，而贷款利率一般低于普通银行利率 1%。

除了信贷服务之外，日本农协还为农民提供农业保险服务。日本农协的保险体系分为 2 个层次：第一级是基层的村、町、市的农业共济会，是基层的一种农业合作组织；第二级是县、府、都、道的农业共济联合会，这也是一种农业合作组织，但是一个重要的过渡性机构，一边是接受基层共济组织的再保险业务，同时又将一定比例的保费上缴上一级的农林共济再保险特别会计处进行再保险，它的职能是从事对上、下两级进行再保险业务。农协的保险业务主要包括生命保险和损害保险，其险种涉及养老、儿童、伤残、建筑物、火灾、汽车保险等 20 多种。保健事业是为解决农村缺医少药发展起来的一项医疗事业，与保险事业有着密切的联系。保险事业非常重要，它使农民生产的风险降到了最低，使农民不会在一些偶然的事件中导致破产，从而解除了农民的后顾之忧。

（五）农业科技服务

“政府+农协”的农业科技中介服务体系是日本农业发展的主要亮点。各都道府县都成立了农村科技服务中心。邀请农业科技专家讲授现代技术，设立专项经费奖励农业科研和农学院学生。农业协会引进先进的农业设备和技术，日本中央政府及以下各级政府均给予相应的资助，资助额度最高可达 80%。

此外，日本的农林水产省还专门成立了“农业科技推广普及部”，负责全国农业科技服务的管理统筹、规划协调、农业科技人员的培训以及有关资料的收集、整理、出版。日本还设立专项经费支持农业技术推广，主要用于农业技术推广人员工资补贴、农业科技推广活动补助、农村青少年培养经费，以上三项所需经费由日本中央财政资助 2/3，其余 1/3 由所在都道府县财政承担。

（六）农业教育服务

日本的农业教育主要由日本中央政府和各级地方政府开设的农业高中、农业大学、农业技术学院、农业改良普及中心、农协、青年俱乐部共同完成，并且提供各种专业进修、农业试验、实习、海外留学等途径提高农业从业者的知识和技术水平，成为培养农业从业者的重要基地。另外，日本的农业科研机构拥有先进的设备和研究手段，政府财政提供充足的科研经费。为了保障科研成果确实落地，日本政府建立了一套完善的科技推广制度。

农业改良普及中心（1994 年前为农业改良普及所）依照《农业改良助长法》，在农林水产省的资助下，与中央和都道府县的相关部门合作，对农户给予生产和生活方面的技术指导。普及指导员是取得相关国家资格考试的都道府县职员，直接面向农民，进行农业生产、农村发展指导、农村青少年教育等活动。指导方式主要包括讲座、巡回指导、上门访问、经营咨询、资料信息提供、实物展示、示范园参观等。现在大部分农业普及中心都已开设了自己的网站，并与当地政府网站联网，通过网络进行农业技术信息的管理与发布。

农业青年俱乐部是日本农村青年的群众性组织，1992 年全国共有 3 038 个。但近年来，随着农村青年的外流，俱乐部数量也逐年减少。俱乐部除开展与生产、生活有关的研究学习活动之外，还开展各种文化交流活动。为了提高俱乐部在农业生产技术方面自主学习的积极性，国家对优秀俱乐部给予表彰和奖励。

三、日本农协提供农业生产性服务的启示

（一）提高农民话语权

在中国，从事农业生产的农民受教育程度普遍不高，导致农民缺乏话语权。农民难于向社会发出自己的声音，就是因为缺少代表农民利益的组织。部分农业企业，包括现有的农民专业合作社和一些农业龙头企业，以企业的利润为中心，很少站在农民的立场上，使农民收入长期处于农业“微笑曲线”的下端。合作组织只有掌握在农民自己手里，才能更好地来改善当地的教育、医疗等公共服务，更好地进行乡村建设。

（二）提高农业组织化程度

随着农村经济体制改革不断深化，农业市场化程度不断提高，我国农村经济组织形式也发生了变化，在坚持家庭经营为基本经营形式的前提下，新型的农村经济组织应运而生，如农村合作制、股份合作制、个体私营经济，为农民提供产前、产中和产后服务，有效地克服了家庭经营的局限性。但与日本和农村现实需要相比，差距仍然很大，主要表现在：数量不多、规模不大、覆盖面不广；机构不全、体系不稳、组织化程度不高；职责不明、功能不强、成效不显著，没有起到“建一个协会、兴一项产业、促一方发展”的作用。吸收日本重视发展农协的成功经验，引导农户由一家一户的小生产向大市场迈进，需要提高组织化程度，大力发展各类专业协会，坚持民办、民营、民管的原则，发展合作经济组织，不仅要鼓励发展专业合作经济组织，而且要重视发展为农民提供综合服务的社区性合作经济组织，只有这样才能促进现代农业的发展。

（三）加强农村基础和公共设施建设

农村基础设施和公共设施建设直接关系到农业生产条件的改善和农业产业化的实现。针对农村基础设施薄弱的现状，加快农村与城市建设的接轨，对从根本上解决“三农问题”具有重要的现实意义。农村基础设施和公共设施建设对改变村镇面貌、构建和谐社会具有重要作用，还可以提高劳动生产率，改变农村落后的生产方式，缩小城乡差别。但是由于我国现有的财政条件尚无能力全面解决农村的基础设施建设问题，政府应通过适当的激励机制，在国家有

限的资金下，有效运用民营资本及个人投资，并借助私营企业的经营效率，推动中国新农村基础设施建设运行发展。

（四）加强金融支持

农业产业化的充分发展离不开强有力的金融支持。一体化经营需要金融支持，龙头企业发展需要金融支持，外部环境建设需要金融支持，农业科技创新需要金融支持。然而多年以来，我国农业的投入严重不足，制约了农业的发展。加大对农业的金融支持力度，是不可或缺的现实选择。农业保险是农户分散自然风险的一个重要工具，建立合理的农业保险制度是实现农业产业化的重要保障。在我国这样一个幅员辽阔的国家，农业受到自然、地理等灾害影响较大，尤其我国农业生产还处于粗放的经营状态，对自然灾害的抵抗力还很弱，农民的收入受外界环境影响很大。农业迫切需要农业保险的保护与参与。解决农业保险难的问题，重在以补贴免税等为内容的立法和制度突破，建立以政策支持与商业运作相结合，政策性保险与商业性保险相结合，多渠道支持，多主体经营为主要保险制度。

参考文献

高木勇树，薛桂霞，2006. 日本的农民组织与农村金融［J］. 农业经济问题（12）：68-74.

胡长敏，2016. 日本农业协同组合在农业生产中的作用及其对中国家庭农场发展的启示［J］. 北方农业学报，44（6）：124-126.

卢迪颖，2016. 日本农协营销渠道力分析［J］. 物流科技，39（7）：92-94.

张素罗，2002. 日本农协的发展经验、改革趋势及其对我国农业经营组织化的启示［J］. 农业经济（4）：46-47.

报告19

国内外乡村振兴典型案例分析与经验借鉴

世界主要发达国家从传统社会向现代社会转型过程中，乡村振兴是其必经阶段。主要发达国家通常在经历了工业化和城镇化快速发展阶段后，工业反哺农业、城市支持农村，最终实现经济社会均衡协调发展。本研究梳理德国、日本、韩国等典型国家和中国部分地区乡村振兴做法，全面总结经验，对于推进乡村振兴战略实施提供有益借鉴。

一、引　言

农民收入的提高和乡村的富裕是社会富裕的重要指标和经济可持续发展的保障。党的十九大明确提出要实施乡村振兴战略。这是在总结中外农业农村发展经验基础上，着眼于当前城乡经济社会发展实际和未来新型城乡关系发展趋势作出的重大战略部署，是中国特色社会主义进入新时代做好“三农”工作的总抓手。十九大报告第五章“贯彻新发展理念，建设现代化经济体系”提出六点任务，在六点任务中，除乡村振兴战略外，其余五点都是总体性、全局性、宏观性的工作，乡村振兴战略是唯一的局部性工作，这恰恰说明了乡村振兴在我国现代化经济体系建设中具有的总体性、全局性、宏观性地位。

我国城乡收入差距和公共服务差距仍然很大，长远来看，我国将始终有大量人口居住在农村。大量的研究显示，中国未来的城镇化率将维持在70%~80%。届时，将仍有20%~30%、即3.0亿~4.5亿的人口居住在农村地区。随着城镇化率逼近峰值，人口、资源、资本的城乡双向流动将越来越频繁，乡村的价值将日益凸显。没有现代化的农村，不可能实现人口和资源的双向流动。发达的市场经济国家的城乡一体化都是双向的；而迄今为止，我国正在推进的城乡一体化则是单向的。随着城镇化速度的放缓和农村产业条件、基础设施、公共服务状况的改进，城乡双向一体化和城乡融合发展将成为趋势。农村现代化也是解决中国未来农业出路的途径。

二、国内外乡村振兴典型案例分析

（一）国外乡村振兴典型案例

1. 日本“一村一品”

日本的乡村振兴起源于20世纪70年代末的造町运动。当时的日本正处于一个快速工业化的时期，农村的人才大量流向城市地区，农业发展逐渐走向凋敝的状态。造町（村）运动的目的是促进当地的产业发展，进而促进当地的经济发展，促进凋敝的农村逐步走向繁荣的道路。后来，造村运动的内容开始扩展到改善农民生活方面，比如改善乡村景观、保存历史建筑、建设基础设施、发展福利事业等。

“一村一品”是日本在造村运动中形成的区域经济发展模式，其本质是在政府引导和扶持下，形成具有地方特色的农产品，就是根据区域布局安排，按照专业化生产和规模化经营的要求，发展具有区域特色的产品，进而形成具有鲜明区域特色的产业集群，最大限度地实现农村劳动力的就地转移，促进农民增收，建设新农村。

“一村一品”以地方自身的条件和优势为依托，以市场为导向，提高农产品的自身特色、地域特色，形成以村为单位的具有地区优势和销量的拳头产品。对农产品进行初加工，提高产品附加值，并通过差异化、多样化来适应消费者需求。在农村不仅发展农产品和农产品初加工，还大力推广特色旅游项目及文化资产项目，如文化设施、地方庆典活动等。此外，日本不少县依托政府农业改良普及机构和各级农协，开办各个领域、各种类型的人才培训讲习班，培育了不少“一村一品”运动的带头人，解决了人才匮乏的问题。

2. 韩国“新村运动”

20世纪70年代，韩国政府为了促进城乡融合发展、推动农业农村更快发展，提高农民收入水平，决定在全国实行“勤勉、自主、协同”的新村运动，类似我国的新农村建设。“新村运动”的第一阶段十分重视农户的参与，采用了参与式的项目实施方法，政府设计了20多种改善农村生活环境的项目，提供给各地农民根据自己的实际情况，选择适合当地需求的项目，政府免费向各村发放项目所需的建材。“新村运动”的第二阶段实行分类指导的方针。将全国的乡村分为三类，第一类是基础村，新村运动的内容是基础性的工作，比如继续改善生活环境和培养自主精神；第二类是自助村，新村运动的内容是进一步发展产业，发展多种经营方式和经营主体，提高农业收入水平；第三类是自力村，新村运动的内容是进一步提高福利，并在采用机械化、电气化、良种化等先进技术的基础上，发展乡村工业、畜牧业和农副业。在改善农居环境方面，还建立标准住宅，雨洪利用系统和通信设施等生活福利设施。“新村运动”的第三阶段更加注重全民参与和法治建设，致力于促进民主法治建设、社会道德建设、集体艺术教育等方面。

韩国“新村运动”的成功经验在于，根据当地情况、当时国情，采取分阶段、分类实施推进乡村振兴。不直接投资，而是将过剩产能转移过来，用于农村基础设施建设。不同地区发展程度不一样，对于不同的村庄采取分类指导。从众多村庄中，选出样板村带动周边村庄发展。根据发展阶段，乡村振兴的重点从支援基础设施建设，到扩大农业收入，再到民主法治和社会建设。

3. 德国“村庄更新”

20 世纪 50 年代，战后德国面临着设施修复，传统村落风貌被破坏，农村生活水平待提高等问题，德国“村庄更新”是以“农村—结构—更新”为重点，倡导乡村居民积极参与，注重乡村的整体发展和可持续建设，注重保护和塑造乡村特色形象，从下而上地开展乡村振兴。在“村庄更新”的实施过程中，针对经济社会发展变化而适时调整。为适应农村社会和人口发展情况，德国对农村基础设施做出相对调整，改变土地利用方式，增加经济收益，改善农村生活和生产条件。

德国“村庄更新”的成功经验，主要在于“城乡等值化”发展道路。德国在城镇化过程中，选择了小城镇与城市的“等值”发展，而非“同质”化道路。出台并动态更新《联邦土地整理法》《联邦建筑法》《联邦空间秩序法》《联邦自然保护法》等，从法律制度建设方面，为村庄更新具体实践提供了明确的边界和保障。政府对公共事业给予高额补贴，自然和文化景观保护的补贴比例可达 90%，对于有保护历史价值的私人建筑部分也会给予补贴。此外，“乡村更新”中的任何一个项目，每一步决策都必须由政府、规划部门和农村三方共同协商，整个更新不再是政府主导，村民真正发挥了主动性，更加积极地参与到村庄更新建设中。

（二）国内乡村振兴典型案例

1. 塘约村“七权同确”

贵州安顺市“塘约经验”是落实集体所有权，发展壮大村级集体经济的典型范例。集体所有制是我国社会主义经济制度的重要组成部分。2016 年 4 月 25 日，习近平总书记在安徽凤阳县小岗村主持召开农村改革座谈会上强调："不管怎么改，都不能把农村土地集体所有制改垮了。"在当前以家庭承包经营为基础、统分结合的农业基本经营制度下，通过探索农村集体所有制的有效实现形式，来壮大集体经济具有非常重要的现实意义。

2014 年洪灾过后，塘约村实施农村土地承包经营权、林权、集体土地所有权、集体建设用地使用权、房屋所有权、小型水利工程权、农村集体财产权“七权同确”，成立村社一体的合作社即金土地合作社，把承包到户的责任田通过自愿入股的方式全部集中到村集体，由塘约村金土地合作社统一经营。集体所有制实现方式的变化带来收入分配制度的变革。以前农民收入基本由务农和外出务工收入两部分组成；现在，村民收入由财产性收益、经营性收益和劳务性收入三部分组成。

在“七权同确”过程中，塘约村把被农户侵占多年的公房、河滩、荒坡、荒地等集体资产全部收回，有效地维护了集体经济。通过确权、颁证、土地流转等合法程序，使村庄资源变资产、资金变股金、村民变股民，成功实现集体所有权、土地承包权、土地经营权“三权分置”，同时使集体与村民个人各类产权关系更加清晰、权益归属更加明确，为实现集体统一经营和集体经济的发展壮大奠定了良好的基础。

2. 贵州六盘水市“三变改革”

一是推进资源变资产，盘活闲置的资源转化资产。所谓资源变资产，就是村集体将集体的自然资源要素，通过入股等方式盘活，推动和吸引各种资源要素向农村流动，形成资源的聚集效应，提高资源的利用率，逐步变“死资源”为“活资产”，让绿水青山变成金山银山。六盘水市以产权制度改革为抓手，有效整合了土地、森林、劳动力、文化等多种资源。

二是推进资金变股金，整合分散资金入股经营。近年来，随着国家扶贫开发力度的不断加强，各级财政投入农村的资金总量不断增多，但是各项资金持续性和针对性不强。针对这一问题，六盘水市通过“资金变股金”来激活和放大资金使用效益，强化财政资金的杠杆作用，把分散的资金聚集起来，推动农村加快发展。一方面将财政项目资金变为股金，就是把财政投入农村的生产发展类、农业生态修复和治理、农村基础设施建设、支持村集体经济发展的专项资金等，入股到经营主体，按股分红。另一方面将扶贫专项资金转变为股金，也就是把精准到户的扶贫专项资金，入股到效益好的企业，并且合理地确定贫困户的占股比例。

三是推进农民变股东，帮助农民群众增收致富。农民增收难，主要原因在于传统种植业面积大、产出低，又缺少财产性收入和工资性收入。六盘水市通过推进农民变股东，把农民从传统农业中解放出来，提高农民在土地增值收益中的分配比例，实现增收致富。为了让“三变”改革惠及更多贫困户，他们注重分类指导、因户施策、一人一法。对于深山区、石山区、不具备脱贫条件的深度贫困的农户，主要是帮助和鼓励他们入股；对于有资金、有技术的有脱贫能力的人员，主要是鼓励和引导他们以土地、资金、技术等多种方式入股。农民入股各类经营主体后，不仅可以通过流转土地经营权获取租金，通过参与企业分红获取股金，政府还通过农业园区、龙头企业、农民专业合作社为农民群众、返乡大学生、外出务工人员等提供创业就业平台，组织农民及返乡人员就近就地务工，参与农业经营管理，按实际工作量支付工资报酬，增加农民工资性收入。

3. 吉林桦甸市“垃圾革命”

近年来，桦甸市创新农村垃圾收集清运处理模式，走出了一条化解垃圾处理难题、改善农村人居环境的新路。桦甸采取政府采购、特许经营的建设模式。桦甸市城乡一体化垃圾收运项目采取政府购买服务、特许经营的方式开展运营。该垃圾收运体系分为定点收集、专业转运、集中处理三个环节。在垃圾收集环节，各村屯配备小型垃圾收集车，村民定时将垃圾存放到收集车内，环保桶管理员每天将收集车内垃圾倾倒入桶，实现日产日清；在垃圾转运环节，运营企业根据垃圾入桶情况，及时将垃圾转运到桦甸市垃圾处理厂。在垃圾处理环节，桦甸市垃圾处理厂每天对进厂垃圾检车计重，分类处理，变废为宝。

接下来，以企业管理的模式，政府负责日常监督。推行市场化保洁，政府将垃圾收集前端的村屯日常保洁一并交给企业管理，纳入购买服务范围，有效降低了运营费用，提高了管理效率。政府通过购买服务，实现垃圾治理工作长效化、常态化。乡村基层干部由“大包大揽治垃圾、一到检查搞突击”的模式转变为日常监督，减轻了工作负担。为垃圾转运车辆安装了 GPS 定位系统，垃圾进厂称重数据、视频数据实时传输到信息中心，对垃圾收集、转运、处理环节的全过程实行“数字化、视频化、定位化”监管，实现信息化管理。桦甸市将农村环境保洁费用、垃圾转运费用、垃圾处理费用和企业投资返还资金统一列入财政预算，真正体现了城乡统筹、公共服务均等化，为城乡垃圾收运一体化的健康持续发展提供了长效资金保障。

三、推进实施乡村振兴战略的经验借鉴

第一，优先做好乡村振兴战略顶层设计。明确我国乡村振兴战略的基本概念和理念。倡导城乡融合式发展，用先进的理念指导乡村振兴工作。统筹和明确乡村振兴的战略目标、战略要求、战略方针、战略路径、战略步骤、战略措施。从组织机构设置、人才队伍建设、建设工程布局、乡村振兴模式、乡村振兴格局等战术环节，深入细致地推进农业和农村发展，实现乡村振兴目标。

第二，加快培育壮大乡村优势产业。从粮食价格支持政策、农业生产补贴支持政策、财政农业投入支持政策、农业保险保障补贴支持政策和农业生态补偿支持政策等多层面构建农业支持制度框架体系，并根据农业发展对支持规模、支持结构、支持领域等方面需求的变化，对农业支持的规模、结构、方向、重点等进行动态优化。充分发挥政府资金的引导作用，逐步完善农业基础设施投入稳增长机制。推进经营性服务和公益性服务有效结合，支持服务主体与生产主体开展合作式规模化经营，充分发挥规模收益，提升农民收入。针对龙头企业、家庭农场、种养大户，积极探索产量保险、价格保险、收入保险或多种方式相结合的保险产品，并开展试点。

第三，着力改善农业农村生态环境。进一步制定科学合理的生态补偿标准，真正做到通过补偿和补贴激励包括农民在内的参与主体自觉采取有利于生态环境的生产方式。要大力开发和推广高效的农业新技术，减轻农民的经济成本和环境成本。支持科研部门开展基础性研究，建立产、学、研、推一体化的发展模式。提出切实可行、符合各个地方实际的实施方案，具体执行层面的法规制度要求内容全面、合理控制范围、提高可操作性、保证执法部门执法力度合理统一，并加大执法力度。

第四，促进医疗卫生教育城乡等值化。加大财政为主，社会和市场为辅的多种支持力度，缩小不同保障群体、不同地区之间的医疗资源和保障水平的差异；整合相关医疗管理机构，加强医保信息建设，统一管理和监督；引入市场机制，充分发挥市场作用，尤其是在保险金管理、资金筹集等方面可以委托第

三方进行服务。各级政府安排支出预算时，要保证财政教育支出增幅不低于财政经常性收入增幅。把支持教育事业发展作为公共投资的重点，提高公共投资用于教育的比重。合理配置教育资源，重点向农村地区倾斜。

参考文献

贾磊，刘增金，张莉侠，等，2018. 日本农村振兴的经验及对我国的启示［J］. 农业现代化研究，39（3）：359-368.

孔祥智，穆娜娜，2016. 农村集体产权制度改革对农民增收的影响研究——以六盘水市的“三变”改革为例［J］. 新疆农垦经济（6）：1-11.

李玉恒，阎佳玉，宋传垚，2019. 乡村振兴与可持续发展——国际典型案例剖析及其启示［J］. 地理研究，38（3）：595-604.

邱春林，2019. 国外乡村振兴经验及其对中国乡村振兴战略实施的启示——以亚洲的韩国、日本为例［J］. 天津行政学院学报，21（1）：81-88.

王林龙，余洋婷，吴水荣，2018. 国外乡村振兴发展经验与启示［J］. 世界农业（12）：168-171.